WAC BUNKO

露・中・米

核大国は氏《うじ》素《す》性《じょう》の悪さを競う

髙山正之
石平

WAC

はじめに

国家もヒト様と同じように氏《うじ》や育ちがあり、それがその国民性にもなる。

例えばいま、ウクライナ侵攻という信じられない暴挙に出ているロシア。彼らはボルガ川のほとりに分布し、奴隷商人に狩られては欧州に売り飛ばされた奴隷の民として歴史に登場する。民族名スラブ（Slav）は英語のslaveの語源になっている。

恥ずかしくも悲しい生い立ちを持った民はそれでもやっと自分たちの国を作り上げたころ、東からやってきたモンゴルの侵攻を受けて男たちは殺され、女は犯され、二百年を超えるモンゴル人の支配下に置かれた。世に言う「タタールの軛《くびき》」だ。

それから三百年後、新大陸アメリカに乗り込んだスペイン人は例えばメキシコに上陸して先住民の男を殺し、女を犯した。いまのメキシコはスペイン人とインディオの混血メスチソが六割を占め、白人と黒人奴隷の合の子ムラータが一割という人口構成になっている。

ロシアもそこまではひどくないものの、同じように血を汚された合の子の国とされた。

レーニンもウクライナのヤヌコビッチも歴とした「タタールの息子」たちなのだ。

それでも白人国家の端くれとして世界支配に乗り出したところで有色人種国家、日本との戦争で記録的な惨敗を喫した。

世界の支配民族を自負する白人国家の風上にも置けない、面汚しと言われた。

そういうさんざんな歴史を編みながら、それでも共産主義にすがって一時は世界を二分する大国にも成り上がった。

ただ、その振る舞いはひどかった。恨みに思う日本がアメリカにやられ、白旗をあげると日ソ不可侵条約を勝手に破棄して銃を置いた日本を攻めた。まるで火事場泥棒だ。集中都市暖房のある満洲の都市を殺戮と略奪と強姦によって廃墟とし、降伏した日本軍六十万将兵をシベリアで奴隷使役した。

さらには千島列島沿いに北海道まで侵攻を企図したが、占守島《しゅむしゅ》の守備隊に叩かれて、歯舞にたどり着いたのはミズーリ艦上での降伏調印式が終わった翌日だった。

プーチンが俄かに対日戦勝記念日を九月三日に一日ずらしたのはこの歯舞領有の日付をごまかすためだった。

生まれも育ちも悪い奴隷民族らしい何とも姑息な振舞いだ。そんな国が大国ヅラして国連安保理常任理事国に鎮座している。

この北海道侵攻について当時のAP通信が「スターリンが国際法を踏みにじって降伏した日本に侵攻しようとしている」とマニラ発で打電していたと、先日の産経新聞が報じた。岡部伸論説委員の報告だが、その背景には「まともなマッカーサーが野卑なロシア人の違法行為を牽制する意図があった」とある。

それはどうか。氏素性で言えばアメリカもロシアと似たりよったりだ。出自は欧州の食い詰め者。土地は長男が継ぎ、次男以下はルンペンプロレタリアートになる将来しかなかった。それが新大陸に渡り、「インディアンをぶち殺せば土地持ちになれる。開拓には黒人奴隷を酷使すれば容易《たやす》い」(マルクスがリンカーンにあてた書簡)のでそのようにした。

例えばコロラドのシャイアン族の居留地サンドクリークの土地を奪うために米騎兵隊は男の戦士が狩りに出るのを待ってその留守を襲撃した。六歳の女の子が白旗をもって出てくると即座に撃ち殺し、残る女子供六百人も皆殺しにした。

女がいなければ民族は滅びるからだ。先の戦争でも米軍は日本軍の守る島々を飛び越えて広島に原爆を降らせ、女子供を殺した。

護憲派憲法学者の芦部信義が賛美するアメリカの民主主義は奴隷制と先住民虐殺の上に

立っている。これほどの偽善国家をほかに知らない。

そしていま、三番目の大国に中国が登場した。かつて荻生徂徠が徳の国と崇めた国だ。習近平はいま、「欧鯨米虎」と日本に蚕食された偉大な中華民族の国は、再興の時を迎えたという。

しかし再興した中華民族は今、何をしているか。勝手に南沙、西沙の無人島にコンクリートを流し込んで軍事基地に仕立て、それを国際法廷が違法と判決すれば「紙屑だ」と言い放つ。

大国だからと宇宙に人工衛星を打ち上げるのはいいが、各国がその残骸をコントロールして無人の地に落下しているのに対し、中国は一切、放置。どこに落ちても知らぬふりだ。ともに瑕疵《かし》のあるロシアとアメリカ。そこに徳も羞恥心もない中国が割り込んできて、この三つの大国が世界をどうする気なのか。

安倍元首相が最大の脅威と名指した中華民族の仮面の下を最も知悉《ちしつ》する石平氏からその正体をじかに伺う機会を得た。

石平氏は四川省出身。最初に『私は「毛主席の小戦士」だった』(飛鳥新社)を読んで、こういう言い方はヘンだが、中国人とは思えぬ繊細な思考と感受性の持ち主と知った。以後、勉強会や酒席で何度も杯を交わしてきたが、彼と初めて対談による本書を上梓した。ロシアのウクライナ侵攻とトランプが甦るかも危ういアメリカの動向も絡めて、習近平中国がどう行動するかを焦点に置いてみた。

詳細は本文に譲るが、石平氏によると中原に棲む漢民族は実はロシア人などスラブ民族と変わらぬ奴隷民族で、スラブ民族以上に姑息な性格という。

それはスラブ人がボルガ川で生け捕られて他郷に売られたのに対し、中国人は自国（中原）にいながら四千年の歴史の大半を征服民族の奴隷にされてきたという屈辱を生きてきたせいだという。

中国人はその屈辱的な歴史を胡麻化すためにいわゆる中華思想を考え出した。

中国人（漢民族）は蛮族には武力では敵わないけれど、その徳と知を以て蛮族をひれ伏させてきたと。そして殷《いん》とか周とか、隋、唐とか蛮族支配が続いて一貫した国名を持てなかったことには「いや、わが国は世界の中心だから」という。天皇家に姓がないのと同じだと妙なところで日本を引用する。

それこそ荻生徂徠の昔から中国人がそう言って作り出した仮想世界の中国を、奇妙なことに、日本人の知識階級が本気で信じてきた。

中国人は確かに「阿Q」に似る。嘘ばかりつく。誇大妄想に取りつかれてもいるが、それに加えて、明の朱元璋にも似た残忍さも備えている。石平さんによると、そういう最も望ましくない中国は、日本に核兵器を落とすことに何のためらいもないという。

プーチンのロシアもまたスターリン時代に取り損ねた北海道を、今度は核を使ってでも取りに来ようとしている。

二度も核を落としたアメリカも含め、三つの育ちの悪い大国がいままさにもたらそうとする危機とは何か。石平氏とともに心行くまで語ってみた。現状の世界を理解する一助になれば幸せだ。

高山正之

露・中・米
核大国は氏《うじ》素《す》性《じょう》の悪さを競う

目次

第2章 プーチンを戦争に駆り立てたもの

「中国包囲網」を作った安倍元総理の功績
台湾有事は日本の有事につながる
ついに「日本改憲論」が米有力紙にも登場
メディアの〝正義〟は劣化するばかり
「歴史が人物を作る。その人物が歴史を作る」

ロシアの負の歴史「タタールの軛」
ウクライナはもともとロシア人が大嫌い
ロシアは典型的な「負け組国家」である
「ロシアの栄光」は民族の劣等感の裏返し
現在も残るジンギス汗の爪痕

第３章　実はプーチンに戦争をさせたかったアメリカ

欧米は戦争終結後もロシア包囲網を解かない
ウクライナ戦争は「ディープステート」に仕組まれた？
西側はウクライナを犠牲にしてもロシアを叩く
朝鮮戦争の真の「勝者」と「敗者」は
この戦争でいちばん得をするのは誰だ？
ロシアは虎視眈眈と北海道を狙う
「旧敵国」の日本には国連決議なしでも攻撃し放題
アメリカはどこまでウクライナを支援するか？
ロシアと中国がタッグを組む「二正面作戦」の成否
徹底抗戦だから世界はウクライナを見捨てない
西側諸国の「通信簿」
「日米一辺倒」から「日英」に比重を移せ
インドを陣営に組み入れた安倍の先見性

第4章　ウクライナ戦争を利用する習近平の「次の戦略」

習近平のゴーサインでプーチンは踏み切った
欧米の抵抗に立ち往生した習近平
世界は「中国か、アメリカか」の選択を迫られている
「アメリカが悪い、プーチンは被害者」と強弁する中国
ネット上に溢れるプーチン賛美は習近平への不満の表れ
指導部も国民も〝狂気〟に支配されている
「弱いものいじめは当然」
中華思想はコンプレックスの裏返し
コンプレックスが創作した「中華民族」
ジンギス汗「ワシがいつ中華民族になったんだ?」

日本人は西太后を誤解している
言葉尻を捉えて尖閣問題を棚上げした周恩来
「強いオレ様が好き勝手やって文句あるか！」
中国文化は「ひきこもり」の文化
中国にある「日本占領」未来地図
実は台湾は中国を捨てきれていない？
「孫文」という錦の御旗に台湾軍は弓を引けるか
台湾は李登輝元総統を「建国の父」にせよ
習近平三期目の五年間が危ない
台湾侵攻の準備は着々と進む
台湾よ、なぜ国連から出て行ってしまったのか……
日本と欧米はもう一度台湾と国交を結べ
第一列島線を突破したい習近平の野望

第5章 ウクライナの教訓を、日本はどう生かすか

ＱＵＡＤが日本防衛の核になる
中国に侵略されてからでは遅い
アメリカは本当に「強い」のか？
「日本は核三発で壊滅させられる」
「唯一の被爆国」だからこそ核を持つ権利がある
「国際間の信義」なんて信用ならず！
中国は平気で核のボタンを押す！
ポスト安倍は高市早苗しかいない
岸田政権は安倍さんの残像を活用せよ
核による反撃能力を持つ

装幀／須川貴弘（ＷＡＣ装幀室）
ＤＴＰ／有限会社メディアネット
取材協力／竹石　健（未来工房）

第1章

日本人は安倍元総理の「志」を継げ！

日本国民全員が〝銃撃〟されたような気がした

石平　私は奈良市に住んでいます。安倍元総理が狙撃された近鉄線大和西大寺駅は、事務所の駅から二駅。その日、ひと仕事が終わって休憩しているところにニュースが飛び込んできました。びっくり仰天してすぐ現場に飛んで行った。すでに安倍さんは病院に運ばれていて、警察が現場検証していたところでした。

やむなく事務所に戻りましたが、気が気ではなく、何も手につかない。とにかく無事を願うしかない。ずっとテレビとネットに注目し、祈るような気持ちで「命をとりとめた」という発表を待ちました。しかし五時過ぎに「死去された」と発表があって、悲しみと犯人に対する憤りの気持ちが抑えきれなくなってしまった。「これからの日本はどうなるか?」を思うと、ちゃんと眠ることもできず、ぼんやりした頭を抱えたまま、翌日、心を整理して西大寺の現場に、安倍さんへの献花をしに行きました。そこでとても救われた思いをしたのは、大勢の人が献花の長い列をつくっていること。私は日本でこんなに長い献花の列に並ぶのは初めてでした。土曜日だったせいもあって、主婦やサラリーマンに混じって、若者の姿も目立つ。その行列を見て、「ああ、安倍さんはこれほど幅広い世代の人に愛されていたんだな」と痛感しました。

高山　僕も家で原稿を書いていた。「嘘だろう」と、椅子から立ち上がってテレビの画面を凝然、見つめるだけでした。しばらくして「即死だった」という話が飛び込んできた。「ありえないだろう」と頭が混乱して、その後ずっと、仕事が手につかなかったんです。折しもロシアがウクライナに侵攻し、習近平も日本を虎視眈眈《こしたんたん》と狙っている。そんなときに非核三原則なんて綺麗事を言い続けていていいのか。安倍さんにはそういう国民のもどかしさを解消してくれる実行力があった。いまの国際情勢を考えたら、もはや猶予ならないことを知っていた。だから安倍さんは、「核共有（シェアリング）」にまで積極的に言及もしました、当然のことです。

石平　衝撃的でしたね。「なんで？」という気持ちが溢れ出てきました。

高山　大和西大寺駅前の献花台に並んだ小学生が「安倍さんにまた出て欲しかった」と語った姿をテレビで見ました。周囲の大人もその言葉にうなずいて見せた。とても印象的でしたね。

石平　献花台のそんな様子を見ていると、日本国民にも心のある人がまだ大勢いることを痛感して、救われた気がしました。

髙山　本当にこれ以上無念なことはない。でもそんな日本人の心に水を差すのがマスコミです。僕が奇妙だと感じたのは、翌日の紙面が各社全部一緒だったこと。「安倍元首相銃撃され死去」です。外電は「Former Prime Minister Assassinated」という表現で「暗殺」と報道しているのに、日本では「暗殺」の言葉を極力避けて、メディアが申し合わせたように同じタイトル。驚愕しました。僕は朝日新聞と産経新聞、ニューヨークタイムズとジャパンタイムズしか目を通していないけど、知人に聞いたら毎日も東京新聞、読売新聞も一緒だったそうです。

石平　暗殺っていう言葉を使いたくない理由はなんなんでしょうね？

髙山　新聞が繰り返し伝えていたのは、政治的背景がないことを犯人が供述しているということ。あとになって「統一教会との関係」を持ち出して〝無理やり〟安倍元総理の存在を貶めようとしている。その話はあとでしますが、要するに暗殺というのは〝偉大なる政治家〟に対するものであって、その言葉を使わない背景には、安倍元総理という人物を矮小化しようとする意図があったように思える。事実、日本の新聞はいつも、そうしてきた。

そういういきさつを抜きにし、いきなり「暗殺」という言葉を使って、世界を揺るがす、あるいは日本の生死に関わる大事件だという扱いにすると、安倍元総理を結果的に評価するような格好になってしまう。これまで矮小化してきた手前、どうしても「Assassinated」という言葉は使えなかったんじゃないかな。

せめて産経ぐらいは「政治的意図はなかった」云々ではなく、安倍さんを喪失したという巨大な穴を表現するトップ記事を作れなかったのかなと、いささか残念ですね。

石平　なるほど、暗殺とすると、伊藤博文やケネディなどの大物感が出てしまいますからね。

髙山　安倍元総理にトランプ前大統領が「彼は誰にもまして愛国者だった」と弔辞を寄せた。欧米の首脳はもちろん、安倍さんと面識のないタリバンまで弔意を明らかにしているのは、それだけ大きな影響を持つ人物であった証拠。それなりの扱いはあってしかるべき。もちろん、暗殺がいいというものではないけれど、その言葉は使われなかった。あれにはちょっと驚きましたね。

安倍さんを矮小化するのに躍起な朝日新聞

石平　容疑者自身が政治的背景を否定しているので、それ以降は一方的に「統一教会」との関連性を報道し始めました。

高山　そっちに話題の焦点を持って行って安倍晋三のイメージを汚し矮小化しようとした。「悪の宗教に加担する安倍晋三」という格好で世論を誘導しようという意図が透けて見える。少なくとも朝日の紙面からは、その悪臭を強く感じる。

石平　海外の反応はそれと対照的ですね。当日のうちにインドは喪に服すことを決めたし、西側諸国首脳からも高い評価のコメントが寄せられた。世界中がその死を悼み、喪失を悼んでいる。むしろ我々がびっくりするほどの評価を受けて、改めて安倍元首相という人が成し遂げた歴史の業績の大きさを実感しましたね。ある意味では国際問題、あるいは対中問題に関して言えば、安倍さんはひとつの世界を、時代を作り上げた人物です。

高山　日本人は日本の新聞を通してしか安倍さんを見ていないから、世界と日本の反応のギャップに戸惑ったのでは。新聞自身もそうでしょう。アメリカの歴代大統領が弔意を示すのはわかるけど、エリザベス女王陛下からも天皇陛下に弔意が寄せられた。やはりそれだけ巨大な政治家だったということでしょう。中東のアブダビでは、ビルの壁面を全面使って、安倍さんの映像と日の丸を掲げて弔意を示した。やはりそういう追悼のされ方がふさわしい人だったと、改めて実感しますね。

石平　アメリカの公共機関の建物は半旗を掲げました。

髙山　いかに日本の新聞が国際感覚からずれているか。日本の新聞は、近眼の眼鏡を逆にかけるというような詐術をずっと続けてきた。その詐術が暴露されたというわけです。

辻元清美に「国葬」を批判する資格があるのか！

髙山　そんな展開を見て岸田首相は慌てて葬儀を国葬にすると閣議決定しましたけど、野党は大反対だ。参議院に返り咲いた立憲の辻元清美は、「功罪の評価がすんでいないから国葬にするのはどうか」なんて鹿爪顔《しかつめがお》で言う。

しかし功罪の罪とはいったい何か。例えば森友問題だ。安倍さんは政治家には珍しいまっすぐな人だから「私と妻に後ろめたいことがあれば即辞任する」と言った。慰安婦の嘘をばらされ、恨み骨髄の朝日新聞がその言葉尻を捉えた。あることないこと、下衆《げす》の勘繰りで紙面を作り、辞任に追い込もうと画策する。新聞失格だ。それで巻き添えを食って野党議員に攻め立てられた近畿財務局職員が自殺したが、彼は遺書ではっきり「何のやましい値引きも誰かからの指示もない」と言い切っている。

新聞報道は事実の追及にある。なのに事実を追うふりをして憶測で疑惑をでっちあげて中傷する。相手を傷つけることが狙いだ。たまらない卑劣さを感じます。

しかし、そうやって疑惑を追及していたら追及する側の辻元清美に真っ黒な疑惑が出てきた。地検特捜なら動くべき怪しげな挙措が多かった。だいたい辻元は質も素行も悪い女だった。衆院議員に初当選するとすぐ社会党委員長土井たか子と諮《はか》って、公設秘書を雇ったふりして公金二千万円を詐取し、警視庁に逮捕された。紛れもない悪質な詐欺犯、前科一犯だ。普通の日本人ならそれなりにつつましく生きるところなのに、気がついたら「もう禊《みそぎ》はすんだ」みたいな顔で選良に返り咲き、それこそ前科もない、まっとうに生きてきた安倍夫妻のような人たちに罵詈雑言《ばりぞうごん》を浴びせる。「魚は頭から腐る」とか。

前回の衆議院選挙で落選し、世の中まだまともかと思ったものだけれど、今度は参議院議員ででてきた。

彼女は森友学園の一件に妙に絡んでいて、むしろ辻元のほうが疑惑が濃かった。この件では近畿財務局が、籠池理事長が買った森友学園の用地を八億円値引きした一億八千万円で売られたのが問題だとされた。それが怪しいと言うなら実は森友のすぐ隣の同じくらいの広さの土地が豊中市に児童公園用敷地として近畿財務局から売られている。十八億二千万円の正札だが、こっちにはなぜか国交省所管の空港特別会計から十八億円の補助金が出され、実際にはたった二千万円で豊中市は買っている。

このとき空港特会を与《あず》る国交省副大臣が辻元清美だった。どうしたらほぼ土地代相当の十八億円の補助金が付くのか。辻元と仲のいい朝日はそれに一行も触れていない。

石平　ほう、そんなことがあったんですか？　「天に唾する」とは、このことですね。

髙山　問題の土地はもともと畜殺場のいわゆる〝洗い場〟で、そのあとは産廃の廃棄場にもなった。地下十メートル以上に及ぶと言われた。まともな土地じゃあないから地下室を作りたい、基礎を打ちたいと思ってもただ掘り下げるわけにもいかない。その処理を売る側の財務局も考える。一方、辻元はその気になれば上空が伊丹空港の進入路にあたる騒音激甚地帯という事情を斟酌できる立場にあった。

石平　森友学園のほうは一億八千万円ですよね。なのに、もう一方は二千万円。

髙山　籠池理事長のほうがボラれたとも言える。辻元にはほかに生コン業界との癒着というもっと生臭い話もある。前科持ちの上にそういう数々の疑惑を自身が山とかかえながら、犯罪とは無縁の安倍昭恵さんを疑惑という名の勘繰りだけで苛《いじ》めまわる。こういう与太者が正義漢の仮面をかぶっている。

マスコミも、安倍さんの狙撃事件以来、安倍昭恵さんのことをぴたっと言わなくなりました。その代りに「安倍政権の功罪」という格好で、暗に「モリカケ」をほのめかしている。マスコミは不勉強なうえに自主判断もできない。汚いね。

石平　第一次安倍政権で安倍さんを退陣させたのもマスコミの力のせいですね。

髙山　あのときは社会保険庁の職員による年金の使い込みや流用事件が発生した。そこで安倍さんが、「社保庁の不行跡は、行政府の長として全責任は私にある」と言った。

その一言に朝日が飛びついた。第二次政権の時の「私と昭恵に何か不正があればすぐ辞任する」と言った言葉に飛びついたのと同じ。それで朝日の音頭で社民党などが結託して社保庁職員にいっせいに自分の使い込みを自白させ、それを朝日が大々的に報じる。皮を切らせて骨の髄まで切るやり口で、「さあ、安倍、お前の部下はこんな悪辣だった。社保庁はこんなに腐っている。責任を取ってもらおうか」と首相を追い詰めた。

安倍さんは、厚生省指定難病の「潰瘍性大腸炎」が持病です。この病気に一番何が悪いかと言えばストレスです。朝日はそれを知っていたはずだ。それで執拗に安倍さんの言葉尻を捉え、責任を追及し、ついでに閣僚の還元水がどうの、顔の絆創膏がどうの、ちくちくいじめてストレスをかけ続けて病気を悪化させ、第一次政権を崩壊させた。刑法で言えば明確な傷害罪ですよ。

第一次安倍政権は安倍さんの「行政府の長が全責任を負う」といったその一言を朝日が狙い撃ちにして、「安倍の葬式はうちが出す」のに成功した。同じように第二次安倍政権も森友学園問題が出た時に一途な正義漢の安倍さんは「もし私や妻昭恵に何らかの不正があったなら私は首相の座どころか議員も辞職します」と言った。その一言に朝日も野党も群がった。

「安倍昭恵さんが森友で講演をした」「籠池が安倍晋三記念学園にすると語った」などのネタをつなぎ合わせ、それと国有地の値引き問題を絡ませて、あたかもそこに疑惑があるかのごとく報じる。狙いは存在するわけもない不正の掘り出しではなく、ストレスによる大腸性潰瘍炎の悪化が狙いだった。四国・愛媛の加計学園での獣医学部新設も、「安倍さんの親友が学園長だったから許可が出た」と、下衆の勘繰りを報じた。これも事実がどうとかではない。そうでなく清廉の安倍さんが情実で動いたかのような一番嫌がる風評を立てることで安倍さんを苛立たせるのが目的だった。

ゾロゾロ出てくる朝日新聞「虚報」の歴史

髙山　こう見ると朝日新聞は疑惑があれば動くように見えるが、それは時と場合による。北朝鮮が日本人を拉致しているという話は一九八九年の大韓機爆破テロで捕まった金賢《キムヒョン》姫《ヒ》が拉致日本人の存在を語り、九〇年代の早い段階で濃厚な疑惑と状況証拠が出始めた。めぐみちゃんの目撃が語られ、田口八重子さんのような動かぬ被害者も出てきた。このとき外務省アジア局長の阿南惟茂との記者懇談会があって、朝日記者が「北の拉致と言っても疑惑だけでしょう」「証拠もないのに疑惑だけで（新聞に）書いていいのか」と言って北朝鮮に肩入れした。

阿南局長も「確かにまだ、疑惑のレベルです」と答えた。だから朝日はいい気になって、疑惑否定に走った。一九九九年の社説で「拉致疑惑は日朝交渉の大きな障害になる」と堂々と発表している。

石平　拉致問題では「疑惑だけで騒ぐのはおかしい」と主張しながら、今度は疑惑だけで、世間を煽り立てる。まったく真逆ですね。

髙山　そういう環境を演出して、ことさらに安倍さんを矮小化し、社会の敵のように仕立て上げる。そうして社会に不満を持つ今回の犯人のような人間を煽り立て、安倍さんを狙ってもおかしくないような環境を生み出してきた。朝日というのは、本当に罪深い新聞だと痛感します。

石平　あの意味のわからない暗殺の土壌をこれでもか、これでもかと作ってきたのは実はメディア、特に朝日新聞なんですね。

髙山　それは間違いない。でも朝日だけじゃないですよ。第二次安倍内閣発足の前夜、日本記者クラブで党首討論会があったんです。幹事はマスコミ四社。朝日、毎日、東京新聞、共同通信です。以前は産経もメンバーだったのに外されて、結局、アンチ自民、アンチ安倍的な人が司会進行役をやるのが通例だった。そのときはのちにＴＢＳのニュースキャスターになった、当時朝日新聞の星浩が、「安倍さん、日本を貶め、悩ます慰安婦問題、いわゆる性奴隷の問題をどう解決するつもりですか」と詰問調で質した。そこでの安倍さんの切り返しが見事だった。

「星さん、慰安婦問題は、あなたの朝日新聞が、吉田清治という詐欺師の本をまるで事実のように書いて広めたものじゃないですか。それが慰安婦問題ですよ」と。朝日がでっち上げた虚偽報道だとズバリ指摘したんです。

石平　その経緯を、朝日は報道したのですか。

髙山　書くわけもない。

石平　そういう事実を書かないとしたら、それこそ報道機関の資格がないと言わざるを得ない。

髙山　まったくおかしな話ですよ。そのあと、誰かに聞いた話ですが、安倍さんがトランプ大統領と会談したとき、彼がニューヨークタイムズを「フェイクニュースだ」とやっつけたという話になった。すると安倍さんは「私もだいぶ前に朝日新聞をやっつけたたんですよ」と、それで二人は大いに意気投合したと。

安倍さんは、政権の殺生与奪の権を持つメディアに対して、嘘を流す新聞の責任をどうとるのか、名指しで問うた。「こんな嘘八百を並べ立てる人たちに負けてはいけない」という強い決意が安倍さんにはあったんです。

石平　全国中継された党首討論の場で名指しで批判し、新聞は必ずしも公正ではないということを世間に知らしめた効果は大きいですよね。

髙山　「河野談話」というのがありますね。韓国の元〝従軍慰安婦〟とされる人たちが一九九一年、日本政府に保障を求めて日本の裁判所に提訴したことをうけ、九三年、当時の宮沢内閣の河野洋平官房長官が〈謝罪と反省〉の談話を公表した一件です。

産経新聞の阿比留瑠衣氏によれば、安倍さんは第二次政権を発足させるとすぐ河野談話が根拠とした「慰安婦の聞き取り」について、初めて検証作業をやった。詳しくは産経新聞が報じていますが、証言した十六人のうち出身地も氏名すらもはっきりしない者もいた。これはおかしい。なぜならいわゆる〝日帝〟支配時に日本は朝鮮人すべての戸籍を作った。それまでの朝鮮では女の子に名前もつけなかった。女の子は初めて名前を付けてもらうのだけれどそういう先例がない。それで日本の女の子の名前を手本に、「子」や「恵」が付く名前になった。キムヨンジャ（金蓮子）とか朴槿恵《クネ》とか。それに朝鮮では出身地や親の姓が大事にされる。ところが河野談話に出てくる証人はその名も出身もはっきりしない。慰安婦ビジネスをやった場所もいい加減とくる。検証では談話が出される前に韓国側と話のすり合わせまでやっていたこともばれた。つまり、河野談話の背景となる調査はまったくのインチキで、そのフェイクを指導したのが社民党の福島瑞穂だった。それと朝日新聞がグルになってインチキを広めていた実態が浮かんできた。

これは痛烈だった。朝日新聞は「慰安婦問題とは朝日が吉田清治というペテン師の話に乗っかって作ったフェイクニュースだ」と指摘され、その上、河野談話まで韓国とすり合わせして作った信憑性ゼロの嘘っぱちと判明した。

ここに至って朝日新聞も言い逃れができない事態に嵌《はま》ったことを知った。そしてこの河野談話検証から三カ月目に「慰安婦話は嘘でした」と嘘を流し、日本人を口を極めて罵り続けたことを認め、三十年前までさかのぼって関連記事十六本を削除した。

ふつうなら廃刊ものだ。当たり前だが、購読数は音を立てて減っていった。軒も傾き、いまでは百四十億円もの経常赤字も出している。しかし、朝日は、己の不行跡を反省するどころか、逆に彼らを追い込んだ安倍さんへの怨念に燃え始める。

何としてでも安倍を倒す。その執念が後の「モリカケ」「桜を見る会」問題の追及という安倍さんと昭恵夫人に対する個人攻撃報道になる。根拠もない嘘をまことしやかに疑惑と称する。それを連日やられれば大きなストレスになる。安倍さんの健康を痛めつける疑惑報道はとうとう第二次安倍内閣を潰してしまった。朝日新聞の異常なところはその後も続く。本気で安倍さんの葬式を出す気だった。それがあんな形で現実になっても、朝日新聞はなお誹謗中傷を続ける。死の尊厳さえ汚して嬉々としているのが怖い。

石平　朝日としてみれば、安倍掃討作戦の仕上げがこんな形で終息してしまったので、今後、どう展開していったらいいか、わからなくなっちゃったのでは？

髙山　安倍さんが亡くなられた日の翌日の朝日新聞に小野甲太郎記者が評伝を書いています。安倍さんの外交、内政での大きな足跡を語りながら、朝日新聞の記者としては珍しく自分たちが仕掛けた「モリカケ」への言及がなかった。自分たちで捏造して退陣に追い込んだこの疑惑報道に一言も触れていないこと自体、明らかに異様です。それは、朝日新聞の中にも、大阪社会部が主導した「モリカケ」疑惑報道に懐疑的な、まともな人物がいるということかもしれないが、そう見せかけるだけのフェイクとも受け取れる。まともに読む新聞じゃないことは確かです。

中国は「アベの死」を大歓迎

髙山　ところで石さん、中国は本音としては安倍さんがいなくなって助かったと思ってるんでしょ。ずっと安倍さんに封じ込められてきたし、ＱＵＡＤ（日米豪印戦略対話）という枠組みまで作られちゃって。

石平　そりゃそうですよ。第一次政権のときから、すでに安倍さんは自由と繁栄を守る行動枠組みとしてインド太平洋構想というものを持ち出していましたからね。あの頃すでに、世界中の首脳に先んじて、今後、中国の覇権主義による膨張をどう封じ込めるか、アジア太平洋地域の平和をどう守るかという先見性を持っていた。まだほとんどの首脳が深刻に意識していない時期にもかかわらず……。

髙山　残念ながら第一次政権は早めに終わってしまったけど、そのあとの民主党政権は最悪の時代でしたから、二〇一二年に第二次政権が発足したときはホッとしましたよ。

石平　翌年一月に国会の所信表明演説で「地球を俯瞰する外交」を打ち出し、積極的に首脳外交、まさに地球外交を展開していきましたね。私自身が数えただけでも一三年からの四年間でおそらく六十カ国以上の国々を訪問して、二十何回の国際会議にも参加して、そこで「自由で開かれたインド太平洋構想」を世界中に広げる。戦後日本で、これほどの国際政治の大舞台で活発な外交をした首相は、安倍さん以外に見当たらない。

髙山　その通りですよ。あとで詳しく述べますが、中国、ロシアというランドパワーの国が外洋に出ようとするのを、海洋国家である日本が阻んできた。その海洋国家日本が、いまやっと安倍さんの力で、七十年の空白を乗り越えられそうになってきたのに、志半ばで凶弾に倒れてしまった。ほんとうに残念でならない。

石平　二〇一六年にトランプ大統領の時代になってからも、安倍さんはすごい仕事をやった。大統領選終了から十日も経たないうちに、世界の首脳に先駆けてニューヨークへ飛んでいき、トランプに会った。トランプは外交はまったくの素人で、外交戦略も中国に対する認識もほとんどない。そこで安倍さんがレクチャーして、「中国は一つの中国の正当性を主張するけれど、それには何の根拠もない」とトランプに教え、中国の脅威の深刻さを訴えた。それでトランプは安倍さんからレクチャーを受けた世界観に基づいて、対中外交を展開していったのです。中国の膨張をゆるさないという姿勢で、貿易面でも中国への制裁的関税を発動する。そこから世界の流れは一気に変わっていった。

「大中国」を夢想する習近平を止めろ

髙山　「一つの中国」つまりワンチャイナポリシーというのは、中国が清王朝の版図をそのまま引き継いだという説をとる「スチムソン・ドクトリン」からきたものですね。当時の国務長官が唱えた概念です。一九三〇年代はじめ、日本が満洲に進出しましたが、そこで力を得て日本が大国になるのを、アメリカは絶対に許せなかった。だから「満洲は中国領だ」ということにした。でもこれは、意図的な歪曲です。

石平　もともと中国東北部には満洲人の国があり、彼らが万里の長城を越えて中国を自分たちの領地にしたわけです。清朝が滅んで満洲人の多くが満洲に戻りました。次に漢民族による中華民国ができたとき、満洲は決して中国のものではなかった。

髙山　しかしスチムソン・ドクトリンでは「あそこも中国の土地ですよ」ということにしてしまったんです。しかし清朝が滅んだ途端、「その版図は清朝に奴隷支配されていた中国のものになる」というのなら、大英帝国の一植民地だったインドが「イギリスもカナダもオーストラリアも俺の支配下に入れ」というようなもの。まるで当時中華民国が、満洲もモンゴルもすべてを支配していたことになってしまう。明らかな歴史の捏造です。

石平　そもそも中国というのは万里の長城の内側、いわゆる中原の国であって、万里の長城の向こうは〝夷狄《いてき》〟の土地とされていました。満洲と境を接する山海関の東側は満洲人の土地なんです。日本の関東軍はロシアから割譲された南満洲鉄道守備のための軍隊ですが、山海関の東が「関東」。そこを治安する軍隊という意味なんです。

髙山　その関東が、なぜいつの間にか中華民国の領土になるのか……それはスチムソンが、どうしても日本を排除したかったので、満洲は中国のものだと強引に規定したから。日本は中国の土地に勝手に入り込んで、傀儡の満洲帝国を設立した。これは侵略であり不戦法違反である。しかも領有しているのは、明らかな「九カ国条約」違反だという理論で日本を攻撃したというわけです。

石平　一九二二年でしたね、ワシントン会議で、米欧と日本など列国は中国の独立と行政的、領土的保全、門戸開放と機会均等の原則を決めたんですよね。それに違反していると言いがかりをつけてきたというわけ……。でもこれは「中国」に対してのものでしょ。

髙山　もちろん日本は、「ここは満洲人の土地だから中国とは関係ない」と主張したのですが、その主張をかき消すぐらいの大声で、アメリカはスチムソン・ドクトリンを正当化してきた。その結果、一九三三年、日本は侵略国として非難され、国際連盟を脱退せざるを得なくなる。これはすべてスチムソンの謀略によるものです。

アメリカの「神聖な使命」に日本が邪魔だった

髙山　当時、アメリカは「マニフェスト・ディスティニー」という概念を標榜《ひょうぼう》していて、中国大陸をその最終目的地にしていた。この言葉はもともと、アメリカの西部開拓を正当化するための標語ですね。「神が与えた神聖な使命」とか「明白な天命」などと訳されます。文明は古代ギリシャ・ローマからイギリスに移り、大西洋を渡ってアメリカ大陸に伝わり、さらに西のアジアへと地球を一周するという、「文明の西漸説《せいぜんせつ》」に基づいたアメリカ中心のご都合主義的文明観です。

この理論にしたがってアメリカはカリフォルニアまで来て、そこで我慢せず、太平洋に進出した。最期の目標は広大な「支那」の市場だと燃え立った。ところが、南北戦争で時間を食い、次にハワイを取り、スペインに戦争を仕掛けてグアム、フィリピンを取り、さあ目的地中国大陸へと思ったら、そこに日本がいた。日本はその間に近代化を成し遂げ日露戦争にも勝ち、中国側とは同じアジア民族同士としての誼《よしみ》も交わしていた。

アメリカは、まず日本と中国を割くことから中国進出を開始した。日本に向かう留学生をアメリカに招き寄せ、そこで育てた顧維均《こいきん》、胡適《こてき》らをつかって五四運動を起こし、中国人の愛国心を煽って日本を敵視させた。

その総仕上げがスチムソン・ドクトリンで、満洲からも日本を排除しようとした。かくて「ワンチャイナ」ポリシーが持ち出された。

石平　民族自立、民族自決の精神から見ても、日本の主張のほうがよほど正当性があります。それなのにいきなり「満洲は中国のもの」は、自家撞着《じかどうちゃく》です。しかし日本の東洋学者も決して口にしない。不思議です。アメリカに感化されているのか、アメリカではこの議論は封じられているからと忖度《そんたく》しているせいかもしれません。

髙山　アメリカは第二次大戦後、中国が赤化して戸惑った。いずれ適当に処分するつもりでいたけれど、気が付いたら化け物になっていた。中国の危なさは安倍さんが一番よく知っていた。それをトランプにも教えた。トランプはそれで中国が既得権のように振舞っている満洲王朝の版図、つまり西はエベレストの果てまで広がる「一つの中国」に対して「そんなのは聞いたこともない」と言い出した。「なぜ中共が台湾の領有権を持っているんだ」も、まさにそこを問うている。ウイグルもチベットも、北京は「内政問題」というが、ほんとにそうなのかと。歴史的に漢民族中国がどの時点で同ウイグルやチベットを領有したのか。まして台湾をやというわけです。

石平　中国は、武力にものを言わせてそれらを強引に奪取しただけで、正規の手続きを経て併合したものでは決してないのです。

髙山　いまみたいに、ウイグル族の国を占領して、チベットも併合して、中国の版図がエベレストまで到達し、アフガンとも国境を接している信じられない大帝国になっているけれど、それは人の目が届かぬところでこっそり残虐にやってきた侵略でしかない。

だいいち、第二次大戦以降は勝手に他国を侵害してはならないと取り決められたはずなのに、中国はいっさい無視。特に内陸のモンゴル、チベット、ウイグルなどを一方的に併合してしまった。そのどこもジェノサイドの問題を抱えている。その領土問題が国際問題として浮上すると困る。だから「台湾やるぞ」「台湾やるぞ」と、実際にはやる気はないのに、デモンストレーションをしている。少なくとも地続きのほうには領土問題はないといった形に見せかけようとしているんです。だからトランプが、台湾問題について聞かれたときに「俺はワンチャイナポリシーなんて知らないよ」と、いきなり言った。それを誰が吹き込んだのかというと、安倍さん以外にはいないはずです。

石平　これは、トランプがいかに安倍さんを頼りにしていたかの証明です。これほど安倍さんの洞察力はすごかった。いましみじみ、それを感じます。

日本人の奴隷根性を助長した「村山談話」

髙山　だから安倍さんはトランプに「正しい歴史」を教えることができたんです。バランスの取れた世界観の持ち主です。

それを象徴するのは、「村山談話」への対応。安倍さんが政界にデビューした頃は、朝日新聞が「ソウルでも慰安婦を強制連行」「慰安婦に日本軍が関与」という嘘っぱち記事を掲載し、世間はこの虚偽報道を真実だと信じるかのようでした。そこで〝受け〟を狙って当時の村山富市総理が「日本は遠くない過去、突然気が狂ったようになってアジア諸国を侵略し、植民地化して酷い目に合わせた。日本が悪うございました」と謝罪した。外務省の谷野作太郎の作文によるものです。

これは戦後の日本人を描いたというジョン・ダワーの『敗北を抱きしめて』の序文の書き出しとまったく同じ文脈だ。日本は世界が驚くような速さと果敢さで近代化を成し遂げ大国への道を歩んだが、ある日突然、だれも予想しなかったような狂気にかられ、残忍になり、周辺を侵略し始め、自滅していったと。まるで日本人が狂犬病になって噛みつき歩き、結果、射殺されたふうな一人ずっこけ物語が語られている。

しかし安倍さんの談話はまったく逆で、日本がデビューした時代、世界は西欧、いわゆる「欧鯨米虎」が世界を侵略してアジアやアフリカを植民地化していた。日本はそれを見て、努力して近代化を成し遂げ、征服者、ロシアを日露戦争で倒した。それは当時のアジアアフリカの植民地の人々を勇気づけたと。

しかし、日露戦争の後、欧米が決めた世界の枠組みがブロック経済体制をもたらし、日本を市場から締め出した。欧米はアジアを植民地化して、そこから収奪した利益で自分たちだけ潤う仕組みを作った。日本は自ら窮地に活路を見出す意味も込めて、欧米が作った秩序に無謀にも挑み、それを打破しようとしたが、結果的に敗れた。しかしこの日本の挑戦がアジアを植民地から解放したことは、歴史的な事実です。

戦後の大きな枠組みであるＥＵは、植民地を失った欧州の国々が寄り集まった互助組織と言えなくもない。自分たちの工業化と市場をリンクさせて、自分たちだけ富めばいいという発想の産物。その原点はどこにあるかといえば、日本のために植民地を失ったという共通分母がある。だからイギリスも入っている。そういうＥＵ的な発想の原点を欧米は知っているから、安倍さんの言葉の意味を理解しているはずです。

石平　だから表面だけでなく、「この人はちゃんと世界史がわかっている」という評価につながっているんですね。つまり、「こんなに誇るべき国はない」ということ。それまでの日本は、村山談話に象徴される卑屈で自虐的なイメージに支配されていましたが、それから一八〇度違う日本、胸を張れる日本像を押し出したわけですね。

「中国包囲網」を作った安倍元総理の功績

髙山　そして徐々に、安倍さんがG7サミットでも主導的な役割を果たすことになっていきましたね。

石平　安倍さん自身が参加した最後のG7サミットで、中国を名指しで人権問題と台湾問題を取り上げて牽制した。ここから安倍さんはG7先進国をまとめて、中国問題に対処するという構図を作り上げました。そして安倍さんの退陣後、二〇二一年、まさに安倍さんがやった仕事が完全に形になってQUAD（日米豪印戦略対話）ができ、AUKUS（米英豪の三国軍事同盟）という連携が生まれた。二〇二一年六月にイギリスで開かれたNAT

O首脳会議の共同声明で初めて中国を名指しで批判して、中国を脅威だと位置づける大きな流れができた。これも安倍さんの偉大なる功績ですよ。

髙山　習近平にしてみれば、安倍さんにやられっぱなし。それがぽっかり穴が空いたんだから、チャンス到来と思っているはずです。

石平　ここまで完全に中国包囲網ができあがってきたのに、そこで安倍さんがいなくなってしまった。直前にNATO首脳会議がスペインで開かれました。そこに日本の首相とオーストラリアの首脳が初めて招待され、ロシアを脅威だという共通認識とともに、中国への警戒感を再び打ち出した。第一次政権のときから安倍さんが持ち出した構想が、八年間の努力で大きく開花したと言えるでしょう。安倍元首相は日本の歴史上、恐らく初めて世界を変える力を発揮した人。自由主義陣営の対中国包囲網の立役者であって、歴史を作った大変な指導者として後世に名を残すはずです。

髙山　彼がいかにすごい人物だったかを、日本人は忘れてはいけない。

台湾有事は日本の有事につながる

石平　「台湾有事は日本有事につながる」と、後世に残る言葉で台湾の重要性を日本と周辺国に認識させたのも、安倍さんの功績ですね。安倍さんを失ったのは大きな損失ですが、でも、彼が遺した財産がなくなることはない、中国包囲網がすでに西側自由世界のコンセンサスになっています。むしろ自身の死によって、安倍さんはこれからの自由世界が団結する意志の象徴になる。安倍死すとも中国包囲網が死することはない……。

髙山　アメリカの「曖昧戦略」まで変えさせたんだからね。

石平　台湾に対するアメリカの曖昧戦略は、中国に対する一種の抑止力でしたが、でももうそれは通用しない。いまは「日米同盟はそれを許さない」と、明確に打ち出すことが大事です。それが習近平たちの台湾への野望に対する抑止力になってくる。

髙山　バイデンが「台湾のために軍事的行動をする決意があるか？」と問われて、「YES」と答えた。あれは日米間で示し合わせたのかもしれないね。

石平　そうそう。もちろん今後、アメリカでも自由主義諸国でも政権交代があるかもしれませんが、この安倍さんが作り上げた流れは大きく変わることはないはずです。

髙山　でも、安倍さんがいなくなったあと、中国はどう出てくるかな？

石平　当初、中国は安倍さんのことを見下していて、たいした人物ではないと考えていた。

二〇一四年、習近平が初めて安倍さんと会ったとき、彼はずっと仏頂面のままで笑顔のひとつも見せなかった。でもやがて、安倍さんを無視するわけにはいかなくなって、二〇一九年の冬の会談では、習近平は安倍さんに説教される立場になった。台湾問題、香港問題、ウイグル問題などを持ち出して、中国の人権抑圧を牽制したのです。この十年間、安倍晋三にやられっぱなしだったという思いが強い。だからもちろん中国は、不倶戴天の敵である安倍さんの死を歓迎しているはずです。

かといって習近平も胸を撫で下ろせないはず。安倍外交戦略の精神が生き続けることは、世界主要国のあれほど高い評価でも明らかです。それに習近平たちはびっくりしているでしょう。自分が死んでも世界があんなに弔意を示してくれるとは思えない。

高山　とすると、今後の対中戦略にそれほど大きな齟齬《そご》は生じないですむだろうか？

石平　安倍さんの死は確かに痛手で、私は今後十年も二十年も、指南役として頑張っていただきたいところだった。でも安倍さんは安倍晋三としての歴史的使命を見事に果たしたと思う。

高山　でも、いまの日本の指導者に、安倍さんに代わって、プーチンや習近平のような悪どい連中と互角に渡り合える人はいますかね？

石平　いまはまだ見当たらないですが、必ず出てくるはずです。歴史というのは、時代がしかるべき人物を作り出すものです。そして、しかるべき人物がしかるべき時代を作り出します。

ロシアのウクライナ侵攻に際しても、ゼレンスキーがあれほど奮闘するなんて、誰も想像しなかったはずです。単なる喜劇役者上がりとしか見られていなかった。それがいまは一種の英雄です。日本からも、そういう人物が出現するはずです。

私は、安倍さんに感謝することがもう一つあります。それは、亡くなったあと世界中のいろんな国が安倍さんの死に深い哀悼の意を表したのは、日本という国の重要性、評価が高まっていたことの証明。それも安倍さんの功績です。戦後の日本は、ただアメリカに言われるがままの存在以外の何ものでもなかった。でも安倍さんはトランプ政権のアメリカを動かし、日本は国際政治の重要なプレイヤーになった。日本の首相が持ち出した戦略構想が世界的な流れになった。世界が日本の首相の作り出した流れで動くのです。

ついに「日本改憲論」が米有力紙にも登場

高山　まだみんな、リアルタイムだから気づいてないですね。何年か経って振りかえると、「ああ、あのとき」と気づく。

石平　そうそう。「モリカケ」問題の攻撃にしたって、安倍元首相は、自らの死を以て左翼的攻撃を完全に無力化してしまった。あれほどの世界中からの評価の前では、「モリカケ」問題への攻撃は、私の耳には蚊の鳴き声程度にしか聞こえない、彼ら自身の卑劣さを表す以外の何ものでもないんです。インドという、人口がそろそろ中国を超えようという大国が、日本の首相のために喪に服するなんて、世界史上空前の出来事ですよ。

高山　日本と険悪な状態にあるプーチンからも弔電が来たほどだから。世界がそれだけ高く評価していたということの証明ですね。

石平　だから自民党も日本国民も、この人物の死をムダにしてはいけない。この偉大なる財産を活かして、憲法改正、国防力の増強を果たし、日米同盟、あるいは西側の中国包囲網の中でより一層中心的な役割を果たすようにさらに飛躍しなければならないんです。

この七月に、アメリカの大手新聞「ワシントン・ポスト」が社説で、「日本は改憲せよ」という記事を掲載しました。「これは安倍元首相が遺した遺産・宿題だ」とも書かれ、「憲法改正案は日本が陸海空軍を保有するという、すでに現実となっているものを合法化するだけのものである」というのです。しかも「安倍元首相はあまりにも早く逝ってしまった。日本や世界に与えたインパクトは忘れてはならない」とまで言及しています。

高山　日本はロシアのウクライナ侵攻以前よりも、はるかに世界の安全保障への貢献が期待されているんですから、ここまで書かれたら、もう岸田首相は逃げるわけにはいきませんね。

石平　私にはワシントンポストが、「まともな国になれ」と提言しているように思えてなりません。「安倍元首相はあまりにも早く逝ってしまった」という言葉の意味を、国民全体がよく考えるべきだと思います。

高山　岸田政権が屁理屈を並べて改憲に進まなかったら、大きなしっぺ返しが来るような気がするね。

石平　それは安倍元首相と日本国民に対する最大の裏切りになりますよ。朝日のアンケートでも、五一％が自衛隊の憲法明記に賛成している状況なのですから、これを逃したら改憲は遠のいてしまう。

メディアの〝正義〟は劣化するばかり

髙山 ただ、最大の敵は朝日新聞ですね。実は朝日は経営環境の悪化に悩まされていて、いまでは記者の夜回りにタクシーケットも支給されないという。

石平 夜回りをしてない？

髙山 事実上はできないも同然でしょう。ハイヤーを使えずに地下鉄を乗り継いでいくとも聞きました。二〇二二年の決算では、前年に値上げしたおかげで営業利益が約九十五億円の黒字だけど、それでも売上げは二百億円以上減った。二〇二一年は約四四二億円の赤字だったんだ。そもそも日本の新聞界はこれまでふんぞり返り過ぎて、新聞が消えてなくなるなんて思いもしなかった。

石平 でも新聞離れは何が原因なんですか？

髙山 ネットの影響とかも言われるけど、最大の原因はマンション化だと僕は思う。新聞人はこれを忘れていた。セキュリティの高いマンションに新聞配達をしようと思っても入口でストップされて配れなくなっちゃった。だから住民は新聞を取らなくなった。階下のポストに差し込まれるだけでは、新聞を身近に感じられなくなっちゃうよね。

石平　それが続くと、新聞なんてなくてもいいじゃないかという風潮が広がっていく……。

髙山　貧しくなったから、新聞記者がろくにネタ集めをしなくなる。僕なんかがいた産経新聞は貧乏会社だったけど、取材だけは自由にできて、もちろんタクシー券も使えたし、取材費にも余裕があった。だからいろいろネタも集められた。でもいまはそれが制約される。ではどうするのかというと、他人の言葉尻を捉えてニュースにする。第一次安倍政権を潰した社会保険庁の問題でも、年金制度が成立したとき、当時の厚生省の花沢武夫年金課長が「これでジャブジャブ使える金ができた」と発言したことがある。国民皆年金の制度ができた昭和三十六年のことで、有名な話です。

石平　本当にジャブジャブ使えたんですよね。

髙山　文字通り、後先考えずにジャブジャブ使えた。だって年金を実際に払い出すのは三十年も先のことだし、自分たちはとっくに退職した後だ。だから採算も考えずに箱物をたくさん作ったり、使い込んだり。ところがその三十年先がやってきて制度の不備が発覚して、「消えた年金問題」が浮上した。マスコミはこぞって厚労省を叩く。そのときに「首相が全責任は私に……」と言ったもんだから、取材もせずに、それっと飛びついた。

石平　そういう形で矮小化しようとしてきたんですね。

髙山　その典型が、安倍さんが死んだ日の夜の日本テレビですよ。小栗泉という女子アナ上がりの政治担当編集委員が安倍さんについて「二面性ある」といったニュアンスで、「安倍さんは一面は陽気で明るくて、それで政策に楽しみな点もあって。そうかと思うと、森友学園の話をすると、気色ばんで一方的にまくし立てて、それでぷいっと行ってしまう」なんて語っていた。

でも、それは当たり前ですよ。根拠のない誹謗中傷を投げつけ、妻にまで侮蔑を投げかけられてきたんですから。だから「根拠を示せ」という意味を込めて、「私にも昭恵にもなにかあれば、すぐ辞めます」と語った。

石平　要するに、「妻に斡旋・収賄的な事実があったら」という意味ですよね。

髙山　本人はそのつもりだった。でもまわりはその一語で、「しめた、やっつけちまえ」といきり立った。言葉尻だけで記事が書けるなら取材なんていらない。他人の言葉尻を捉えるという愚劣な方法を、政治記者までがやるようになった。

石平　「犯罪性があったら」というのが抜けているのに、あえてその部分には触れない。

卑怯ですね。

髙山　「私に責任がある」と言ったことにつけ込んだとしか思えない。昭恵さんづきのスタッフがどこに電話したというだけで「なんだこれは」となる。これがれっきとした新聞記者がやることとかと、あきれ返ります。それほど新聞記者のレベルが下がってしまって、言葉尻だけで紙面を飾るようになってしまった。だから、誰かが失言したら一斉に叩く。これが「天下の公器」のやることとかと、情けなくなるくらい。「記者会見で取材している」なんていう人もいますが、テレビ中継が入ってる場で、真に大事な取材ができるはずはない。

石平　誰だって公式の場では、公式見解を表明するだけですからね。

髙山　もともと表の会見は建前だけを語る場です。テレビが入っているような場合は特にそう。どんな挑発があっても揚げ足を取られたり、言葉尻を捕まえられたりしないようにする。でも、それを踏まえて本音というか「真実」を聞き出すのが新聞記者の使命。だから夜回りをやって本音を聞き出そうとするのが腕の見せどころです。以前は夜回りとオフレコの会見が、記者が「本音」に辿り着く方法でした。しかし、オフレコのはずの話が外部流出する事例が相次いだ。とくに朝日新聞の記者がそれをやった。ときには韓国に流して向こうで騒がせてその打ち返しで騒ぐ。それが相次いだ。だからオフレコ取材も少なくなっていった。本来は記事にしないし、メモも取らないのがルールなのですが、この仁義が破られて以来、新聞記者は、記者会見の場で勝負するしかなくなったのです。

先ほどの小栗泉は、「森友のことを聞いたら安倍さんが激怒した」と語りましたが、朝日新聞が捏造した疑惑を真実と思い込む記者に安倍さんが心を割ると思っている方がおかしい。それを棚に上げて、いかにも〝怒りっぽい〟し〝真相から逃げている〟という形で印象操作しようとしている。なんで小栗泉がこんな歪んだ発想をするのかと怪しんだら、何のことはない、彼女の亭主は東京新聞の政治部記者でした。東京新聞はもとは都新聞という新聞だったけれど、いまは地方紙の中日新聞に買収され、朝日新聞より赤い新聞になってしまった。安倍さんの周りにはこういう不勉強な田舎記者が多かった。政治家としても決していい環境ではなかった。

彼女も日本テレビも新聞も、その決着をまだつけていないし、どう評価していいのかもわからなくなってきている。いままで悪口ばかり書いてきたのに、よその国が高い評価をしてきた。そこで何を書けばいいか戸惑っているはずです。

石平　可能なら、天国の安倍さんに記者会見してもらいたいところでしょうね。「なぜこんなに人気が高いんですか」と。それで何かを答えたら、「こんなことまで言って自慢している」なんて形で、また貶めるんでしょうね。

高山　そうだろうね、きっと（笑い）。

「歴史が人物を作る。その人物が歴史を作る」

石平　先ほども述べましたが、私は「歴史が人物を作る。その人物が歴史を作る」が持論です。

高山　だから必ず安倍さんの後継者が登場するはず。死亡報道を受けて、アメリカのブリンケン国務長官がびっくりして飛んできて、「安倍さんの穴をどうやって埋めるのか」を訊きに来た。沈黙していたのは中国だけ。

石平　韓国もそうですよ。韓国は安倍さんを憎んでいたから、今回はすぐには弔意を示さなかった。政権がスキャンダル絡みで混乱しているようでしたけどね。

高山　政権発足から三カ月も経たないうちからスキャンダルが噴出するなんて、いかにも韓国らしいと、笑ってしまう。

石平　三十七歳の与党代表・李俊錫《イジュンソク》に性接待疑惑があって、それを揉み消そうとしたと報道され、尹錫悦《ユンソクヨル》大統領の支持率急落が止まらない。早くも政権運営の「赤信号」とされる三〇%を割り込む勢いですね。検察出身者に偏った人事登用や閣僚候補のスキャンダルが影響したとみられます。そして李俊錫が「党員権六カ月停止」の懲戒を受けたことに続き、代表代行をつとめていた権性東《クォンソンドン》院内代表まで党代表職務代行から退いた。与党・国民の力は、政権発足八十二日目で、指導部が事実上崩壊したというわけです。韓国の大統領は退任後に悲惨な末路をたどるといわれますが、新政権も前任の文在寅《ムンジェイン》政権の疑惑を追及しようとして、身内からボロが出たようですね。

それ以上に、やはりあれだけ敵視していた安倍さんが死んですぐ弔電を打つと、国内の反発が強いということを考慮したのでしょう。国会は野党が過半数ですからね。それですぐに弔意を示せずにいた。ところが世界中から弔意が寄せられ、慌てて弔問団を送ることにしたのでは。

髙山　文在寅の前の朴槿恵《パククネ》政権のときから、安倍さんは慰安婦問題の決着をつける日韓合意を行った。日本の保守層が猛反発しましたよね。せっかく朝日が謝罪して、証言の「捏造」を認めた。肝心の河野談話のインチキもばれた。そういう有利な背景があるのに、逆に慰安婦の存在を認めてどうするのかなと、僕も内心思っていた。

でも二〇一五年、日韓外相会談で両国の合意が妥結し、日本政府として「当時の軍の関与のもとに多数の女性の名誉と尊厳を深く傷つけ、日本政府は責任を痛感している」と述べ、安倍さんが「心からおわびと反省の気持ち」を表明しました。さらに、安倍さんは最終的には「不可逆的解決」を両国が得心したことを公にした。

しかしこれで終わらなかった。その後も韓国側は折に触れてこの問題を持ち出してくる。特に文在寅政権時代にひどかった。国家として合意しながら、カネももらいながら、なかったことにすると言い出した。阿部さんはそれを待ってずっとやりたかった「積極的無視」を打ち出した。どんなに譲歩し、頭を下げてやっても国際通念も持たない。韓国とは、こんな国だったのかと今度は国民が理解納得する番だった。世の中には誠意も通じない、こんな国がある。それには「もう相手にしない」ことが最良の外交なのだと知った。面白いことに今はどの新聞も韓国報道はほとんど載せない。ホワイト国外しがどうのといってももうだれも相手にしない。ニュース価値で言うと、上野動物園くらいになるか。サルが入園者に嚙みついたときくらいのニュース価値しかないと思う。

石平　韓国側が折れて、合意したことを守らない限り、交渉のテーブルにつかないと……。

髙山　あのホワイト国外しを何とかしてと、韓国の代表団が来日したことがありましたよね。あのとき経産省はむこうの代表団を、椅子を積み重ねた貧弱な会議室に通して、しかも日本の官僚はノーネクタイ。格に合った対応を取った。それが積極的無視の意思表示です。安倍さんの中では、「韓国は相手にしない」という気持ちは徹底されていた。

石平　菅さんも同じでしたか？

髙山　積極的無視はずっと続いていました。菅さんはそのときの官房長官だったから、事情をよく知っています。徹底無視を貫き通し、相手が何を言おうが徹底的に否定。それはその後も続き、徴用工問題を巡って日本企業の資産整理についても、「そんなの解決済みなんだから、あなたのほうで勝手にやりなさい」という態度を貫き通した。岸田政権もそれを踏襲して、積極的無視を続けています。

石平　岸田さんは、その合意のときの外務大臣ですからね。

髙山　そうですよね。したがって韓国にしてみれば、日本が急に冷淡になったので、日本製品不買運動を起こしたりしたけれど、日本国内には何の影響もない。僕などは、これだけ積極無視をすると気分が爽快になる。すると韓国のニュースは朝日新聞が扱うだけになり、他のマスコミから記事が消えてしまった。ソウルにいる産経新聞の黒田勝弘氏などは、

「韓国側は猛反省している」などと書いていますが、そんなものですむはずはない。ちなみに黒田氏の弱点は、韓国と日本を同サイズで見ていること。でも現実は、日本は巨人で、韓国は小さい。それを同等で論述するので、彼の原稿にはときに大きな違和感を覚える。

石平　日本も韓国のことは、もうどうでもいいと考えたほうがいいでしょうね。

髙山　やっと国のサイズがわかってきた。すると韓国は虚勢を張って、初任給は韓国のほうが高いとか言い出した。それなら韓国の会社に勤めればいいのに、韓国人はこぞって日本企業に入りたがる。なぜなんだろう。

石平　韓国は、もう誰も相手にしなくなっている。

髙山　そういう一連の外交関係が、すべて安倍さんの決断から始まっている。だから安倍さんの死去は、韓国には大きなチャンスかもしれない。これで積極的無視がなくなってくれれば、韓国は八方塞がりから抜け出せるからです。徴用工問題をしきりに持ち出すのも、少しでも振り返ってほしいという韓国の下心があるからですが、日本は振り返ってはダメです。尹錫悦《ユンソクヨル》大統領自身も日本との首脳会談を望んでいるが、日本はいま、それに構っている場合ではない。だから、積極的無視はずっと続くし、それ以上かまう必要がないことは歴史が証明している通り。一切必要ない国です。

第2章

プーチンを戦争に駆り立てたもの

ロシアの負の歴史「タタールの軛」

石平　ウクライナ戦争で世界がどうなるか、どう変わるかは世界中の関心事ですが、プーチンはなぜ、あんなに強引に戦争を仕掛けたと思いますか？

髙山　実は、プーチンがウクライナに侵攻したのには、スラブ民族の生い立ちから「タタールの軛《くびき》」や日露戦争の敗北といった拭い難い民族的屈辱感が横たわっている。そういう劣等感をこの際、一挙に払拭しようという思いがあったのではないかという気がします。タタールとはモンゴル遊牧民のこと。十三世紀、モンゴル帝国のバトゥの西方遠征でギリシャ正教を信ずるキエフ公国が滅ぼされ、モンゴル人のキプチャク・ハン国が南ロシアに建国されましたが、十五世紀に独立を回復するまで、スラブ系白人のロシア人はこの二百四十年間、アジア系のモンゴル人の支配を受け、強姦され、略奪され、殺戮されてきた。

筑波大学名誉教授の古田博司氏は「だからロシア人はみなレーニン顔になった」と言います。つまりアジア混血にされた。そしてロシア人もウクライナ人もタタールの欧州攻めでは先頭に立ってドイツ騎士団などカソリック教徒と戦わされた。ギリシャ正教徒はこの時からカソリックの敵になってしまった。

ロシアはもともと、スラブ民族と言われていますが、その語源は「Slab」、奴隷のことで、つい中世まではボルガ川周辺で奴隷狩りにあって、オデッサから奴隷船に載せられて欧州に売られていたのです。

イギリスがアイルランド人を奴隷にして売り払ったのと同じ構図です。イギリスはヘンリー八世のとき、バチカンと喧嘩して勝手にカソリックから新教に改宗してしまいましたが、アイルランドはもう最初からカソリックのまま。そうした宗教の軋轢もあってアイルランド人をその後も奴隷民族とけなし、「ホワイトニガー」と蔑称で呼んだりしていた。

石平　それが、いまに続くイギリスとアイルランドの紛争の火種になっているんですね。宗教対立には根深いものがありますからね。

髙山　そうそう、アイルランドは緑がシンボルの「セントパトリック」。それをからかう風潮もあったけれど、アイルランドにルーツを持つ故ケネディ大統領が堂々と五番街のパトリック寺院を訪ねたりしてから、そういう偏見も消えつつありますね。

さてロシアの場合、スラブ人がキエフ公国などの国の形を作り出したのは日本の平安朝と同じころで、自分たちもキリスト教化して立派な国を作った。そのときに採用したのが東欧に広がっていたギリシャ正教だった。これがロシア人の不幸というか、ローマンカソリックを信仰する「ヨーロッパ」の枠組みから外れてしまった。おまけに不幸は重なるもので、せっかく奴隷の民からキリスト教国家になったところでタタールの襲来を受ける。そして敗れてしまう。

例えばリャザン。見渡す限りの草原の海に浮かぶ都ですが、ある日、その草原の海のかなたにモンゴルの軍団が現れる。最初は小さな点だったのが日ごとに大きくなり、やがて雲霞《うんか》のような牙集団がリャザンの町を取り囲む。

やがて城塞の一角が崩され、タタール軍勢がなだれ込んでくる。王族がまず殺され、女たちは犯され、次に教会が襲われる。聖職者たちは教会の中で火あぶりにされて殺され、次の標的にされた市民がいたぶられ、女は犯され、何日もかけて皆殺しにされていく。処女だけは犯されても生かされ、タタールの血の混じった子が産み落とされていく。

ロストフもキエフも同じ運命をたどり、スラブ人たちは屈してモンゴルの配下に加えられ、東欧にはタタールの先鋒として送り出され、カソリックの騎士団と戦い、最終的にはオーストリアまでタタールは蹂躙する。ジンギス汗の孫のバトゥ指揮下の広大なキプチャック汗国は以降二百五十年間この地を支配します。これが「タタールの軛」と呼ばれる、ロシア人にとっての暗黒時代になります。

石平　海のように広い草原地帯のはるか向こうに、ぽつんと騎馬軍団が現れ、それが一日一日迫ってくる様子を思い浮かべると、その恐怖で身震いがしてきます。

髙山　モンゴルが去った後は徹底的な破壊と、モンゴル人に犯されて生まれた子どもたちが残ります。これはそれから二百年先、新大陸を発見したスペイン人が、先住民インディオの男を殺し、女を犯していまのメスチソを生ませますが、それとよく似ている。

話が横道にそれますが、スペイン人は別にモンゴルを参考にしたのでなく、旧約聖書のモーゼの時代から彼らは同じ事をやってきた。旧約聖書民数記を開くとモーゼはカナンの地に入ったら先住の民をすべて淘汰しろと命じています。ユダヤ十二部族から千人ずつ戦士が出てミディアンびとを征服に行く。戦いに勝って相手戦士を皆殺しにして戻ってくるとモーゼは「女や子供をどうしたのか」と問い、すぐミディアンびとの町に兵を取って返させ、ミディアン民族の種を持つ男は赤ん坊に至るまでみな殺した。妊婦は腹を裂いて胎児も殺し、まだお腹は大きくなくとも彼らのタネを宿しているかもしれない人妻も殺させた。ただ処女は「神ヤハウエから兵士への贈り物だから好きに弄ぶがいい」と言った。処女は妊娠させ、その民族の純粋さを消し去らせた。それが「民族淘汰」だと聖書は教えているんです。

石平　同じように、ロシアでもロシア人の中にモンゴル人との混血児が増えていったというわけですね。

髙山　そうです。ただロシアの場合は、スペインほど徹底した淘汰はされなかった。混血の程度も低く、「せいぜいレーニン顔になったくらい」と、筑波大学名誉教授の古田博司さんは言います。

石平　確かにレーニンもプーチンの顔も、ちょっとアジア系ですよね。

髙山　そうですね。レーニンは典型的なアジア顔で、プーチンはブルーアイズだけど、体型は背が低くアジア人っぽい。スターリンもどちらかといえば……。

石平　あれも背が低い。

髙山　スターリンのシークレットブーツは金正日より有名ですね。同じチビ仲間のプーチンは「ルースキー・ミール」という言葉を好んでいます。「ロシア人の世界」とでもいうんでしょうか、ロシア語を話し、ロシア正教を信仰するスラブ人の世界、つまりロシアとウクライナとベラルーシの三国は運命共同体だという主張です。

プーチンはその思いをもとに行動している。

もっと言えば、奴隷民族として西欧から爪弾《つまはじ》きにされてきた歴史、そして「タタールの軛」を背負わされたコンプレックスが底辺にあって、その上にＮＡＴＯの東進という圧力があってルースキー・ミールの一角ウクライナが危なくなってきた。今回プーチンはスラブ民族主義の中心地であるウクライナをＮＡＴＯの手から奪還し、ベラルーシとロシアと三者が組んで、やがては旧ソ連に匹敵する「大ロシア」を再建する出発点にしようと発起した。それでウクライナに侵攻した。根底には「スラブ民族を嗤う白人どもめが」というコンプレックスの裏返しがあるところがどうしても暗く、陰鬱にしているように思います。

ウクライナはもともとロシア人が大嫌い

石平　でも、そのウクライナは、過去に散々、ひどい目にあってますよね。

髙山　確かに一九三〇年代にはスターリンに食料を取り上げられて、飢餓地獄に落とされ、数百万人が死んだ。世に言うホロモドールです。だから第二次大戦でナチスが攻め込んでくると喜んでドイツ側についたこともあった。産経新聞の遠藤良介元モスクワ特派員によるとロシア語はどこにいっても同じ、方言がないという。ところがウクライナ語は、同じロシア語でも訛りが強い。民族的には同じだろうが、「ロシア人は嫌いだ」という意識が強くて、ロシア人との差を強調するために、「わざとロシア人が喋らない言葉を使っているという解釈です。そんな形で小さな差を強調するのは、例えばインドに包み込まれて標準時が全く同じネパールは標準時をインド時間プラス十五分にしている。意味はないけれど俺たちは違うんだと小さなところで自己主張する。今、新聞ではキエフを「キーウ」と書き、オデッサが「オデーサ」になった。ウクライナは決してロシア語は使っていないという主張で、それを西側ジャーナリズムが支援して「キーウ」と伝えているわけです。

石平　ベラルーシは「白いロシア」という意味ですよね。白っていうのは「純潔」という意味だと思うんですが、これは血統的なものを示しているんですか？

髙山　ロシア人は中国のことを「キタイスキー」と呼ぶのですが、彼らはモンゴルも中国人と考えている。そのキタイスキーが襲来したいわゆるタタールの来襲の時、ベラルーシだけは襲われなかった。なぜならウクライナの北からベラルーシにかけては大沼沢地帯が広がっていて、モンゴル軍の騎馬兵が足を取られて進めなかった。結果、ベラルーシだけはモンゴル人に侵攻されず、犯されもしなかった。それで「我々の血は汚されなかった」と〝純白のロシア〟を国名にしてまで強調している。プーチンは一生懸命、俺たちは同じだと言っているけどベラルーシは違いますよと言っている。同じルースキー（ロシア人）といっても三者三様の捉え方があって、方言を強調したり、「白ロシア」という国名を使い続けるのを見ると、みんな別々。プーチンだけがひとりで「みんな一緒」と言っているだけにも見える。

ロシアは典型的な「負け組国家」である

石平　実はいま、髙山先生のお話をうかがいながら、思ったことがあります。中国人だった私はもともと、ロシアに対してある程度よいイメージを持っていて、トルストイの『戦争と平和』やチャイコフスキーの音楽に触れると、いろんな苦難を乗り越えて、広大な土地を持つ大国になったと考えていました。同じことは多くの日本人も感じているでしょう。でも残念ながら、このプーチンの戦争が、こういうイメージを完全に壊してしまった。逆に、ロシア人がいかにも乱暴で残酷で野蛮であるかというイメージを植え付けてしまった。その背後に、プーチンはそう思われても構わないだけの、断固たる野心、歴史的な目標があるように思えます。

髙山　いま指摘した「ロシアの軛《くびき》」の歴史もあるし。確かに寒い土地だけど、あれほど広大な土地が侵略されるという潜在的な恐怖心もあります。

それに、ロシアは英仏に伍して中央アジアを制圧し、極東にも勢力を伸ばしてきたが、肝心なときに日本に阻まれた。日露戦争は「非白人国家に敗北した初めての白人国家」という歴史的汚名をロシアに背負い込ませてしまった。プーチンには、その不名誉を払拭したいという欲もあったのでしょう。

石平　それは中国と共通する民族的特徴かもしれません。要するに自分たちが歴史上いじめられたという意識の強い民族、抑圧を受けたと称する民族ほど野蛮になるんですね。強いものにいじめられた経験があるからこそ、より野蛮になる。

髙山　その通りだと思います。さっきも言ったように、ロシアは奴隷民族扱いされてさげすまれたうえに、白人国家としてはあるまじき「タタールの軛」で民族的混血をもたらされ、レーニン顔にされてしまった。そして、しばらくはキプチャク・ハン国の先兵として欧州と戦わされる。頑迷なキリスト教徒の集団・ドイツ騎士団との戦闘の先鋒をつとめさせられるのです。ロシア人はギリシャ正教の軍隊として戦っているつもりなんですが、欧州のキリスト教徒から見たら、タタールの先遣部隊に過ぎない。

そういう「負の歴史」を引きずっていたところに、ピョートル大帝が出現して、なんとかまとまって強国の一角を占めるようにまでなった。しかし結局、大きな戦争には勝ったことがないんです。日露戦争にも敗北しましたしね。

石平　実は中国の漢民族王朝も同じで、結局は他民族との戦争に敗れている。それと同じですね。

髙山　そうです。ロシア人の国家として勝った試しがない。スウェーデンに攻められ、ドイツに攻められ、ナポレオンに攻められて……。助かったのは「マロース」、つまり極寒の暴風雪とでも訳しますか、自然の猛威が敵をやっつけてくれた時だけです。

石平　ナポレオンもナチスも、結局、それに敗れ去った。

髙山　どちらもロシア侵攻にあたっては、なぜか六月二十日前後に進撃を開始するんです。ヒトラーだって破竹の勢いのまま、一挙にモスクワを攻めればいいのに、コーカサスに寄り道などしたものだから、結局モスクワ郊外まで進軍したものの、そこから一歩も出られず、零下何十度の猛吹雪で引き返すしかなくなった。いまのシェレメチェボ第二空港に行くと、「ドイツ軍がここまでやってきた」という標識があります。すぐ隣がもうモスクワです。

石平　ナポレオンのときとまったく同じですね。

髙山　そうです。ナポレオンも、もうあとちょっとまで来て、結局撤退せざるを得なかった。それはロシアが強いからではなく、大自然のおかげです。だから彼らは二言目には「母なる大地」という。「ロージナ＝祖国」とね。確かに豊かな黒土地帯（チェルノーゼム）やタイガ地帯が、時には敵も防いでくれて、最後の瞬間は日本でいう〝神風〟が吹く。しかし勝ったとは言えない。事実、日露戦争では日本に大敗を喫した。黄色人種に負けたのは、やはり白人国家としての面汚しなんですよ。

石平　ある意味ではロシアは、ピョートル大帝の頃から、ヨーロッパになろうしてきたけれど、結局、ヨーロッパにもなりきれない。その一方でアジアにもなりきれない。中途半端な国家のままになっている。

髙山　だからどちらかに決めればいいのに。僕はこういう中途半端な国は、典型的な「負け組国家」だと思います。

「ロシアの栄光」は民族の劣等感の裏返し

石平　本来、プーチンには二つの選択肢があって、うまくヨーロッパの世界と融合していけばいいのに……。むしろプーチンにとって、いまの最大の脅威は中華帝国、漢民族のはずですよね。

髙山　そうですよ。だからルースキー・ミール（ロシア人の世界）という形で、旧ソ連を彷彿させるような再統合を目指した。ベラルーシやグルジアを「生意気になった」と恫喝したり、侵攻したり、クリミアを併合したりして、それで大帝国への道を作った。

そして今度はウクライナを取り込んで、ルースキー・ミールの基礎形成までもう一歩のところまで行ったんだけど、「ちょっと待てよ、ロシアは歴史的に勝ったことはないだろう」と謗《そし》られる。そういう強い劣等感があって。その民族的劣等感の裏返しで、「強くなろう」「大きくなろう」「かつての栄光を取り戻そう」という意識が先立ってしまった……。

石平　習近平の「中華民族の復興」と同じようなセリフですね。

髙山　欧州はその動きをどう見ているかというと、偶然にしてはあまりにも出来すぎなんだけど、ヘドリック・スミスというニューヨークタイムズのモスクワ特派員が一九七〇年代にロシアを探訪して、『ロシア』という本を書いています。その中でこう表現している。「ロシア人は表情が乏しく、喜びや悲しみの感情が平坦である。我々が最も大事にする豊かな情感というものが表情に表れてこないし、もっと大事にしているヒューモアというセンスがまったくない」

白人の仲間だと思いたいけど、感性は〝本来の〟白人と違うという、明らかに見下した心理が行間ににじんでいます。実はまったく同じセリフを、幕末に来航したロシアのプチャーチンに随行した作家のイワン・ゴンチャロフが書いています。ゴンチャロフは『オブローモフ』で、当時、実際に存在した典型的な貴族の世界を写実化したのですが、それはともかく、その彼が『フリゲート艦パラルダ号』という日本見聞記で、長崎の玉の浦に入ってくる日本人を見て、こう評しています。

「彼らは我々が最も大事にする豊かなヒューモアの精神もないし、顔も平坦で感情の起伏もまったくない」

ヘドリック・スミスとまったく同じ台詞を、日本人に向けています。プチャーチンが来たのは明治以前、一方のヘンドリック・スミスは戦後。スターリンをインタビューして、『赤い闇』でピューリッツァー賞を受賞したニューヨークタイムズのウォルター・デュランティの後継者です。

石平　要するに、彼らには〝奴隷民族〟の歴史があって、そういった「タタールの軛」の時代が、逆に彼らをタタールに染めてしまったとも言えるのではないですか。

髙山　僕は、同じようにタタールに侵されたイランに二年間ほど住んだことがありますが、イランもタタールに侵されたイル汗国時代があった。その名残はいまも残っています。

例えば子どもが生まれると、「おめでとう」と祝福して男の子か女の子かを聞く前に、まず「肌の色は？」と聞く。つまり、タタールの血が現れていないかどうか確かめる。

ハシェミ・ラフサンジャニは大統領にもなった聖職者です。彼の顔立ちはアジア系です。普通のイラン人はアーリアの血を誇りにして国名もアーリアンから取ったイランにしている。それで「俺たちは白人だ」と胸を張るのですが、ときにタタールの血が出ることもある。するとアジア顔が出た子は聖職者にしてしまう。

石平　いまでもそうなんですか？

髙山　同じです。イラン人は時に、もっとはっきりしたアジア顔が出る。そういう顔の子はパン屋の職人に多い。パン屋は焼き窯の中でパンをなすりつける大変な商売です。実際に見学に行くと、やはりペルシャ人の顔とは違う感じが多かった。それこそレーニン顔。モンゴルはある意味、いいことをしたと僕は思いますが、イランでも「タタールの軛」の後遺症は大きい。

メキシコでも同じ。僕が訪れたのは一九九〇年代ですが、先住民のマヤ族などがスペイン人から逃れるために森の中に逃げ込んで、焼き畑農業で生計を立て、現在も続いています。それが森林火災のもとになるということで政府が規制し、まるごと移住させる形で居留地村を作って、生活保護を与えています。食費などを与える代わりに、居留地から出ることを許さない。

そこに取材に行きましたが、あまり協力的ではない。「メキシコの恥」だという。それでも強引に頼み込むと、女性の通訳が同行してくれた。すると彼女が「先祖が森に逃げたのが悔しい。逃げないで白人に侵されていれば、私はいまごろ街で普通に生活ができたのに……」と愚痴をこぼすんです。

確かにアメリカのすぐ南の国境の町ティファナにはマヤ族系の先住民たちが物乞いをしている姿が見受けられる。メキシコ人は「俺たちは白人の血がはいっている」と彼ら原住民を蔑視するんです。純粋まじりっけなしのモンゴロイド・日本人にはちょっと理解しがたい「白人の血」への憧れでした。実際「血の混じり具合」で戦争も起きている。

余談になりますが、日本人が世界旅行するのなら、そういう点を見てきてほしいと思う。そういう〝劣等感〟をロシア人もイラン人も持っています。おそらくタタールが行った全域では同じような悩みがあります。唯一、タタールに蹂躙されなかったベラルーシを除いてですが。

現在も残るジンギス汗の爪痕

石平　なるほど。世界史上でおもしろいのは、タタール、つまりジンギス汗が、いい意味でも悪い意味でも、世界を変えていったということですね。朝鮮半島でさえ、いったんはタタールに占領された。もちろん中国も「タタールの軛」に組み込まれた。中国は昔からいろんな問題を抱える国ですが、政治や文化もそれによって変化せざるを得なかった。

例えば南宋という王朝があります。南宋はご存じのようにとても文化的に洗練されていた時代で、日本文化も室町のころ南宋から大きな影響を受けた。水墨画などは南宋から伝えられたものです。政治面でも、案外穏やかだった王朝で、特に北宋の政治には一定のルールがあって、大臣は絶対に殺さないし、とても優遇される。だから文化人をたくさん輩出して南宋文化が花開いた。もっとも、それだから弱かったとも言えるのですが、タタールがやってきて元朝が約九十年間中国を統治してから、中国は大きく変わった。

それは、この元朝を倒して成立した明朝が、とてつもない恐怖政治を行ったこと。皇帝がスパイを使って一般国民だけでなく官僚までを監視していた。そして皇帝がその気になればいつでも大臣を恣意的に殺せた。朝、明朝の大臣は朝廷に出仕する際に、必ず家族との別れの儀式をするるんです。いったん朝廷の中に入ったら、生きて帰れる保証はないから。そんなふうに、とても野蛮な国家になっていった。

髙山　そこから、それまでの中国文化との断絶が始まったんですね。

石平　皇帝の逆鱗に触れたら、大臣であろうと、その場でズボンを下ろされて宦官におしりを叩かれるんですよ。しかもみんなの前で。こんなふうに明朝はとてつもなく野蛮な王朝です。

髙山　それで死んじゃう場合もあるとか。天安門のもうひとつ中の門の前で、おしり叩きの刑で多くの死者が出たと聞いたことがあります。

石平　あります、あります。そもそも中国は秦の始皇帝以来、ずっと独裁政治の歴史。例えば漢王朝や宋王朝の時代には、皇帝と臣下が同じ畳に座って膝を突き合わせて話をしていたんですが、唐王朝になると、もう臣下は皇帝の前に一緒に座ることは許されず、立ったまま拝謁する。そして明朝になると、臣下は立つことすら許されず、ひざまずいたまま皇帝の話を聞かなければならなくなってしまった。

つまりタタールに征服されて以降、中国の奴隷化がますます深刻化して、「強いものがすべて」という文化に変わっていったのです。弱いものは強いものに完全に服従しなければならない。

おそらく朝鮮も一緒です。朝鮮半島には中華帝国に反抗した高句麗の時代があったのですが、李氏朝鮮となると完全に中華帝国の奴隷になってしまう。やはり、タタール、ジンギス汗の残した負の遺産ですね。

高山　タタールは幸い日本には上陸できませんでしたが、もし来たら日本はどうなっていたのか。西ヨーロッパも結局タタールの手が届かなかったけど、ウィーンの東側まではアジアになっていた。

石平　西ヨーロッパと日本にはタタールの手が届かなかったからこそ、日本は独立自尊の気風が育ち、ヨーロッパは奴隷社会にならなかったのでしょう。

中国人が自分をごまかす「精神的勝利法」

石平　ロシアは壮大な草原と森と冬将軍で外敵を撃退してきたというお話でしたが、中華帝国も実はロシアと同じで、対外戦争であまり勝ったことがないんです。

高山　ベトナム相手の中越紛争でも散々、打ち負かされたしね。

石平　領土紛争をめぐって中国が攻め込んだ。高山さんはあの頃、東南アジアでも取材されたんですか。

高山　産経新聞は文化大革命の取材で柴田穂《みのる》が追放されて以来、所属記者はだれも中国に行けなかった。ただ共同通信出身の伊藤正氏が中越戦争のアルバムをもっていて、それを見せてくれたことがありました。当時は「改革開放」の時代で、一九七九年でしたか、そのときに撮った写真などを含めて正確に報道されてアルバムにまとめられている。それを見ると、中国軍は惨敗もいいところ……。

石平　中国、ベトナム、どちら側が作成したのですか？

高山　中国側です。ベトナムは戦争に勝ち慣れているから、余裕綽々《しゃくしゃく》。中国軍は一方的に蹂躙されるだけ。

石平　でも、それでも中国は「勝った」と考えているんですよ。それは「精神的勝利法」といって、中国が相手に負けた後の精神状態を表す言葉です。現実は負けたけれど、実際は自分たちの勝ちだと思い込む心理です。

髙山　この戦争の背景には、中国が支援していたカンボジアのクメール・ルージュをベトナム軍が圧し潰したことがある。そんな生意気をやったベトナムを「華夷《かい》秩序」に従って「華が越を懲罰してやる」と上から目線でお灸を据えに行った。ところがベトナムは米軍と二十年も戦ったベテランだ。逆に二個師団壊滅の惨敗を喫した。最後は鄧小平が「十六日間の懲罰を今日で終える」とか言って逃げ帰った。

石平　現実はさんざんにやられたのに、相手への「懲罰」なんてね。でも「精神的勝利法」とはそういうものなんです。魯迅に『阿Q正伝』という作品がありますね。無知なのに自尊心だけはやたらと高い阿Qは、家も金も女もなく、字も読めず容姿も不細工などと馬鹿にされる村の最下層の立場にあるのですが、どれだけ人々に馬鹿にされても「精神的に勝利する」というポジティブ思考の持ち主。内面では「精神勝利法」という独自の思考法を頼りに、罵られたり喧嘩に負けても、結果を心の中で都合よく取り替えて自分の勝利と思い込むことで、人一倍高いプライドを守るのです。これはいまの中国人の発想とそっくり。現実には自分たちが負けたとしても、相手は野蛮人なのだから、結局、我々の文化を受け入れるしかないという理屈です。

例えば満洲族の愛新覚羅《あいしんかくら》は中国を征服し、清王朝を樹立しましたが、漢民族は「彼らは我々の文化を全面的に受け入れて中国人になった」と納得した。その結果、いまの中国では、清朝の乾隆《けんりゅう》帝や康熙《こうき》帝は、むしろ中国の民族の英雄になっています。中国を征服した民族が、中国の英雄になってしまう。これが精神的勝利法です。

高山　なるほどねえ……。ピョートル大帝以来のロシアの英雄になりたがっているプーチンにも同じ心理が働いているのかもしれない。

一七世紀にピョートル大帝というロシアきっての英雄が出現しますが、彼はロシアをヨーロッパ列強の一員に押し上げるために「大北方戦争」に明け暮れた。スウェーデンからバルト海域世界の覇権を奪取したほか、黒海海域をロシアの影響下に置くことを目標に、人生の大半を戦争に費やした。でも彼が偉いのは、自らオランダに学びに行って、帰国してサンクトペテルブルグという都をつくります。「ピョートルの都」というわけですね。それまでまったくの沼沢地だったところを埋め立て、すべての通行人や船に石を運ばせて、壮大な都を築かせた。その発想はすごい。それをやり遂げるのは、やはりスラブ人の粘り強さと従順さ。住民は黙々と命令に従って、おまけにクロンシュタットという巨大な造船所まで建設した。最終的にオランダから戦艦を買って、それをモデルに一から戦艦を建造した。そうやってできた戦艦群がバルチック艦隊になって、二十世紀初めに日本海で日本海軍と戦うことになるんです。

石平　そこが中国と違う点。学ぼうとする姿勢が違う。同じ負け組なのに。

高山　中国人は学ばない。中国も負け組なんだけど、ロシアは同じ負け組でも、「必ずやり返すんだ」という闘志は粘り強く持ち続ける。だから今回のプーチンの戦争も、そういう負け組特有のひがみと、負けず嫌いの精神があって、それでウクライナに侵攻したのだと思います。ピョートル大帝とプーチンに共通するのは、やはり負け組根性です。生まれついてからずっとたどってきた「馬鹿にされた人生」を払拭したいという強い願い。形は違うけど「ルースキー阿Q」なのかもしれない。

石平　それは、とてもおもしろい説ですね（笑）。

高山　やはり、そういうひがみ根性が根底にある。ではそれがプラスになるか、それともマイナスになるかは、歴史が証明してくれます。

欧州の火種の根源に潜む「宗教対立」

石平　すると、ロシア国内の世論調査にどの程度信憑性があるかは別として、プーチンの戦争が結構ロシア国民の支持を得ているのは、背後にそういう精神性があるからなんですね。

髙山　一定程度、支持されているのは間違いないですね。少なくとも東方正教会は「ローマンカソリックの汚い連中よりは我々のほうが素直だ」と主張しているのですから。確かに、ローマンカソリックが不正と腐敗の歴史を繰り返してきたことは間違いありませんからね。

石平　僕がギリシャ正教というかロシア正教というか、それに対していちばん不思議に思っているのは、宗教というのはキリスト教にしても、基本的に政治権力と距離を置くか、あるいはむしろ逆に政治権力の上に立つというのを目指すはずだと思うからです。カソリックでも仏教でも、絶えず政治権力との緊張関係の中にいるのが宗教ではないでしょうか。だから、中国でも日本でも「廃仏」という形で仏教を潰そうとした。しかしロシア正教は独裁政治権力と一体化して、むしろ逆にこの政治権力を正当化している、あるいは守るという役割に甘んじている。解せません。

高山　そうですね、でも東方正教会、ギリシャ正教会は「自分たちがキリストの正当な後継者だ」と自負していますからね。十六世紀、オスマン軍の攻撃で東ローマ帝国の都コンスタンチノープル、いまのイスタンブールが陥落させられ、行き場を失ったギリシャ正教会をモスクワが引き受けるわけです。それが東方正教会になる。イスラエルのエルサレムにはイエスキリストが磔刑になったゴルゴダの丘を包む聖墳墓教会がありますが、もっともいい場所、イエスが磔刑にされた場所の上に祭壇を置くのがギリシャ正教会です。その祭壇の下の丸い穴から手を入れると直にゴルゴダの丘に触れることができます。

その隣の一段低いところにローマンカソリックの祭壇がある。以下、階を下っていくとシリア正教会、コプト正教会、アルメニア正教会などが祭壇を並べている。

石平　その位置取りからして、昔から深い恨みがあることが想像できますね。

高山　宗教対立というのは本当に根深い。西側諸国、つまりカソリック諸国は東方正教会系のロシアが大嫌いです。それでロシア勢力圏にある旧東欧諸国のうち、カソリック系国家をNATOに引き入れていった。東方正教会系には旧ユーゴのセルビアがあります。隣のボスニアをはさんでローマンカソリック系のクロアチアがあって、ずっと憎み合い殺し合ってきた。戦後はクロアチア系のチトーが長らく君臨してセルビアをいじめ放題いじめた。領土の一部、コソボを取り上げてそこにアルバニア系のイスラム教徒を住まわせた。セルビア人は悔しがり、チトーが死んでユーゴ大統領にセルビアのミロシェビッチがなると仕返し戦争が始まった。泥沼のような紛争だったけど、その背景には、東方正教会とローマンカソリックの積年の恨みが横たわっているから争いは凄惨だった。例えばセルビア人がクロアチア人を捕虜にすると、小指と薬指を切り落とす。残った三本指で十字を切ると、それが東方正教会の十字の切り方と同じになる。そういう嫌がらせをするんですね。

ミロシェビッチはチトーがコソボに送り込んだイスラム教徒を追い出しにかかった。イスラム教徒は反発し、コソボ紛争が起きると、これにローマンカソリック系というかNATO諸国が反発した。東方正教会も同じキリスト教徒なのに、それよりイスラム教徒の味方をする。つまりローマンカソリックにすれば東方正教会はイスラム教徒より憎い存在ということになる。かくてNATO軍はセルビアの首都ベオグラードを空爆してついには降伏させる。ミロシェビッチは国連法廷に告発され、囚われ、最後は獄死した。

一方のコソボのイスラム教徒はローマンカソリック諸国やNATO諸国の祝福を得て独

立国家になった。欧州の北朝鮮と言われたアルバニアは、いまは自分の国を二つも持っています。

石平　でも、クロアチアとセルビアの紛争に、なぜNATOまで介入するんですか？

髙山　ローマンカソリックの意向があるからです。コソボは「セルビアの揺りかご」と呼ばれ、日本でいうと京都、奈良のような場所ですが、オスマン帝国が敗れた後、コソボの南半分にイスラム教徒のアルバニア人の居住を誘導したのです。まるで京都を「在日韓国人」に明け渡すようなものです。セルビア人にはたまらない嫌がらせなのですが、チトーがその政策を戦後によみがえらせ、コソボ全域をイスラム教徒にくれてやった。単に東方正教会が嫌いというだけの理由です。まだイスラムの方が東方正教会を信仰するセルビア人よりましだと考えている証拠です。

セルビアはコソボを失いましたが、近い将来のEU加盟が承認されました。これでローマンカソリックは、最大の敵、ロシアを残すだけになったというわけです。

これほど宗教対立は、根深いところでとぐろを巻いている。我々日本人には想像もつきませんが、それを見落とすと、何も見えなくなってしまう。

ウクライナも結局は宗教戦争？

高山　今度のウクライナ問題でも、東部のドンバス地方と首都のキーフに住む人たちは、日本人には同じスラブ人だと思えます。しかし内実は、キーフにはローマンカソリックを信じる人たちが多く、ドンバス地方には東方正教会信者が多い。

ウクライナという国は、リトアニアポーランド王国ができたときに占領されて、住民はカソリックに改宗させられています。しかし、東側の地域は東方正教会のまま残っている。それがハリコフであり、ドンバスなのです。

ドンパス地方は工業地帯と炭田地帯です。重要産業が集まっていて、そこに東方正教会が強く根づいている。しかしウクライナは、それ以外の地域はカソリック。だからその意向を受けてＮＡＴＯ加盟を希望するのです。ＮＡＴＯはいうまでもなく、新教旧教合わせてもともとローマンカソリックの集まりです。唯一の例外はイスラムが多いトルコですが、トルコがＮＡＴＯ加盟国であることには理由があります。トルコは一九五二年にＮＡＴＯに加盟しましたが、その理由は、当時の冷戦下、ソ連がトルコの持つボスフォラスとダーダネルスのふたつの海峡をよこせと言ってきた。軍事的にソ連は圧倒的に強かった。トルコには抵抗するすべもない。しかしこの二つの海峡をソ連が握るとソ連の黒海艦隊は実に自由に黒海から地中海に出入りできる。西側自由社会にとってこれ以上ない脅威となる。それで一九五二年、ＮＡＴＯはトルコ加盟を認めた。もしソ連が力ずくでダーダネルス海峡を取りにくればＮＡＴＯ諸国が相手になるというわけです。

この結果、ＮＡＴＯにアジアの、しかもイスラム国家が加盟することになった。ご都合主義で加盟させたというわけです。

トルコはイスラム圏の国ですがケマル・パシャ（アタチュルク）以来ずっと「脱亜入欧」を目標に政治的にはセキュラリズム（世俗主義）を通している。トルコはこれで欧州に一歩近づいたと大喜びしたものです。最近のイラク戦争のときも、同じイスラムの国を攻撃する基地を提供しています。その結果、イスラム圏の間では評判はガタ落ちですが、それでも宗教を前面に押し出さないで、アジアとも欧米とも協調しようとします。そして、ＮＡＴＯの後はＥＵ加盟を希望したのですが、なかなかＥＵには入れませんでした。ここでは「宗教の壁」が邪魔をしたのです。

石平　二〇二二年六月のブリュッセルのＥＵ首脳会議では、次のＥＵの候補国としてウクライナとモルドバが上がりましたが、今後の動きはどうなりますか？

髙山　これまで順番待ちだったトルコ、アルバニア、北マケドニア、セルビア、モンテネグロなどの加盟も、やがて認められそうです。意外というか、東方正教会系の国々をことごとく加盟させる。おそらくベラルーシとグルジアも、近い将来加盟するでしょう。ＥＵとしては、プーチンが一方的な戦争を仕掛けてきたことに怒り心頭でしょうから、ロシア包囲網を形成したい。アルバニアも、もう完全なイスラムの国ですが、そこまでＥＵに取り込もうとする。順位で示すと、最上位がローマンカソリックで、次がイスラム。その下が東方正教会。そういう構図になります。

でもトルコにしてみたら、これまでどれだけＥＵ加盟を懇願しても、ことごとく拒否されてきた。それでエルドアン大統領が業を煮やして、イスラムに復帰する姿勢を示し、ロシアとも親密な協力姿勢を見せつけた。するとＥＵは、「トルコがロシアと親密になったらダーダネルス海峡はどうなるの？」と不安を覚え、軟化し始めています。

今回、スウェーデンとフィンランドがＮＡＴＯ加盟の意思表示をした際、トルコは反対を表明しましたが、これを懐柔する目的もあって、ＥＵはトルコの加盟を承認したと思います。それでエルドアンも機嫌を直したというのが真相でしょう。一九五二年以来の脱亜入欧の悲願を達成できるかもしれないというところだと思います。

プーチンは侵略で「何」を失った?

石平　プーチン自身ロシアの栄光を取り戻すという使命感もあるでしょうし、そのためにもウクライナのNATO加盟を阻止したいと願っていたのに、やったことがすべて裏目に出ましたね。

髙山　目算が完全に狂ったね。

石平　むしろ二十年間、営々と築いてきたものを、この戦争で一挙に潰してしまった……。プーチンがロシアを暴走させた背景には、プーチンが近年、稀に見る独裁者になったことも大きい。ご存じのように独裁者になると、周囲はイエスマン、ご機嫌取りだけになって、誰も正しい情報を持ってこなくなる。ボスの好きな情報しか集まらないと、判断を誤る可能性が高い。

しかし考えてみれば、ロシアも中国と同じように不思議な国で、西側に目を向け、西側のシステムを取り入れて農奴を解放して近代国民国家に向かうかと思ったら、レーニン、スターリン時代のような独裁国家が出来上がり、それが潰れた後でソ連が解体し、それでまたロシアが民主主義の時代になるかといえば、またプーチン独裁に戻る。あの国はツァーリがいないと永遠にやっていけない国なんですね。

高山　例えば日本は、明治維新でがらりと変わりました。ロシアという国の悲劇は、そういう変わるべき時期に変われなかったことです。例えばナポレオンの侵略です。ナポレオンが征服した国は、すべて農奴が解放されて国民国家に生まれ変わっています。しかしロシアだけは、せっかくマロース（冬将軍）のおかげでナポレオンを撃退したけれど、農奴は解放されないまま終わってしまった。あのときに解放されていれば、国民国家ロシアを形作る機会があったのにね、惜しいことをした。

せっかく、ナポレオンの爪痕があったのに、それを生かしきれなかった。戦争に勝ったように見えたけど、国家としては負けたも同然。とても不幸な国だと言えます。

アメリカにジョージアという州がありますが、これは本当に先が読めない愚かな州で、『風と共に去りぬ』で有名なアトランタが州都。それでまずアメリカ独立戦争のときには考えた挙句イギリス側について、こてんぱんにやられてしまった。次に南北戦争では南軍について、また敗北の憂き目に遭っています。「よかれ」と思って選択したことが、いつも裏目に出る。いい歴史を歩もうとするのに踏み外す、いまのロシアを見ていると、このときに「なんでうまく負けなかったのか」と気の毒になるほどだね。

石平　なるほど、負け方にもコツがあるのですね。

髙山　ヒトラーのロシア侵攻のときも、ロシアにとってみれば「勝ち」に見えるけれど、結果的にはスターリンの大虐殺という大惨事を生んでしまった。そういう不幸な巡り合わせになってしまう国なんですね。

中国の本質はどうにもならない野蛮国家

石平　中国も同じですね。いつもどこか強いものに支配されて、強いものに服従したがる。それが一種の安心感につながっている。一種の「奴隷根性」とでもいいましょうか。

髙山　**石平**さんは、そこをよくおわかりでしょう。日本では、たとえどんな暴君が出現したとしても、イワン雷帝や毛沢東のような悪逆非道な人物は出てこない。これは日本人には理解できないはずです。

しかも毛沢東は、一反の土地から六万トンも米が収穫できたなどと、平気で嘘を言う。

あり得ない話が普通になってしまうのです。日本人だったら「バカを言いなさんな」で終わっちゃう話が、そうならない。

考えてみれば、中国は第二次世界大戦における「日本の軍国主義」を非難するけれど、日本国民は「自らの意思」で戦場にも行っているのです。「この戦争で、欧米列強に虐げられているアジアを解放しよう」という崇高な志を持っていた。

一九五一年のサンフランシスコ対日講和会議に参加した当時のセイロン代表ジャヤワルダナ（のちに大統領）は、「アジア諸国が植民地だった時代、日本だけが強力かつ自由で、我々を解放する守護者として仰ぎ見ていた。日本が掲げたアジア共栄のスローガンは我々に強く訴えるものがあった。戦争が始まると各国の指導者は祖国の解放を望んで日本に協力した」と述べ、米国務長官ダレスの対日非難演説を否定し、セイロン（現スリランカ）は対日賠償請求権を放棄したのです。

第二次世界大戦に当たって陸軍参謀の辻政信が書いた「歩兵に与うる」という冊子がありますが、そこには「中国人には大義というものを説明してもわからないから」と書いてあります。「だから協力は不可能である」と。そして〝戦にあたっての心構え〟を、微に入り細にわたって訓示しています。これは、ある程度の教養がないと理解できないものなんです。日本陸軍の歩兵はそれをちゃんと読んで、その通りに行動しています。

こういう日本の「合理性」に比べると、中国は野蛮きわまりない。明朝の悪逆非道ぶりを見るまでもなく、方孝孺《ほうこうじゅ》のような悲劇が起こる。

石平　明代の思想家のことですね。恵帝に仕えていて、永楽帝が乱を起こすと永楽帝討伐の檄《げき》を書いた。しかし永楽帝が即位すると、その名声もあって即位の詔書を書くことを命ぜられるんですが、方孝孺は拒絶して磔刑に処せられ、一族八百四十七人も死罪になった……。

髙山　僕はその経緯を読んでいて、「どうして誰も止めないのか」と不思議に思ったくらいです。永楽帝が帝を継ぐときに、「それはあなたの天命ではない」と忠告した。「人の帝位を奪った」というわけです。すると永楽帝は「なにを生意気な」と、方孝孺と家族一同を殺してしまう。こんな乱暴な話はありませんよ。

石平　家族どころか九族もろともですからね。

髙山　父方の家族、父方の母方、母方の父方まで九族を丸ごと抹殺してしまう。最後は弟子に至るまで惨殺。恐ろしいと言うより周囲にしてみればこんなはた迷惑な人はいない。

石平　それどころか、中国の歴史の中では美談として語られていることが問題なのです。

「九族を殺されても節を曲げなかった」と賛美されている。でも私からすれば、永楽帝から即位の詔書を書くように命じられたのですが、「だったら書けばいい。親族全員が殺されるくらいなら節を曲げればいいだけじゃないか。何百人の命を考えたら、お前一人の節なんかどうでもいいじゃないか」と思う。しかし彼は書かない。要するに、理不尽な理由で九族の人々の命が失われたことに対して、中国人は誰もそれを問題視しない。むしろ逆に「大義がすべて」だと考える。朱子学もその傾向を引き継いでいますけど。

髙山　しかし、「大義」というものほど、本来の中国人に馴染まないものはないんだけどね。現実に大義がないんだから。

石平　その通りですね。でも、大義がないからこそ、ことさらに強調されるんですよ。

髙山　そうか……。

「民間施設攻撃」を非難するのは日本人だけ？

石平　ところで、今回のプーチンの戦争でも、日本人の間では、ロシアが民間施設を標的にしていることに非難の声が上がっています。一般に戦争でも、軍事施設は攻撃するけど、民間施設はあんまり攻撃しない。病院は攻撃しないとか。そういうルールがあるのではないかと思います。そのルールをまったく無視してショッピングセンターや学校、病院まで攻撃している。あの形の戦争の仕方については、どう思いますか。

髙山　石平さんは日本の草花にまで心を寄せる。そうやっているうちに心まで日本人になってしまったようですね。だいたい、非戦闘員に手は出さないとかは日本人だけですよ。そんな日本人の感覚は世界では通用しない。太平洋戦争のときも、米軍のB29は軍需工場ではない名古屋城を目がけて何度も爆弾を落としている。民間人の犠牲なんて考えずに、街全体を焼き尽くしている。

石平　それと真逆で、日本軍は民間の施設を標的にはしなかった。

髙山　『パール・ハーバー』というハリウッド映画がありました。日本軍機が病院を爆撃するシーンがある。それは真っ赤なウソです。でもハリウッドは「日本は非キリスト教徒の野蛮人だからここまでやるに決まっている」とわざとそういうシーンを作る。真珠湾での日本機による攻撃ぶりは記録が残っているけれど真珠湾には二百隻近く艦船がひしめいている中で、赤十字マークを付けた艦艇は機銃弾の一発さえ撃たれていなかった。またパールハーバー記念館では真珠湾攻撃の映像が上映され、その最後には字幕で「民間人が五十人以上死んだ」と出てくる。この根拠はと質すと、日本機の攻撃ではなく米軍の対空砲火が三十五キロ離れたホノルル市街に落ちて市民の死者が出たということ。そう正直に書かないところがせこい。

石平　日本は人道的に武士道の国であり、庶民は直接、戦いには加わらない。武士と武士という戦闘員同士が戦う。しかし中国では、城に住民たちも入っているから、当然、そこに住む住民も目標になります。日本は城と城下町は別々。

髙山　しかし農民はその様子をよく見ていて、突然「野伏せり」という強盗に変わる。おとなしそうに見える百姓が、いちばん怖いんですよ。明智光秀もそれで殺された。

石平　落ち武者狩りですね。

髙山　言葉はきれいだけど、明智光秀もそうですし、関ヶ原の戦いで西軍に与していた島津義弘が「敵中突破」といって徳川の陣地の真ん前を横切って脱出したときも同じです。大半の将兵は戦場から逃げおおせたんですが、そのあと野伏せり、百姓に襲われて、多大な犠牲を強いられた。落ち武者狩りがあれほど盛んということは、逆に、戦では一般市民を殺さないという前提があったからですよね。武士が本気になったら、そんなに簡単に落ち武者狩りで命を落とさない。

石平　中国の紅衛兵だってそうですよ。公然と「破壊できる」と思ったら、彼らはよろこんで暴れまわる。長征隊なんていう学生運動体をつくって、あらゆるものを糾弾し始めた。政府が、汽車賃も宿泊費も食事も出すという破格の待遇を与えて、中国全土に散らばらせた。それで、とにかく「四旧（四つの旧いもの）をぜんぶぶち壊す」ように誘導するんですね。

あの頃は、紅衛兵に人を殺す権限まで与えられていた。人を殺しても、「反革命」だと断定して知らせたら、誰も罪に問われないんです。人を殺すのが「革命的行為」になるから。そういう意味では、漢民族とロシア民族、例えば毛沢東とスターリンの粛正には一つ違いがありまして。スターリンの粛正は警察部隊を使って、組織的な銃殺という形をとります。

一方の毛沢東の粛清は、人々の憎悪を煽ってお互いに殺し合いをさせる。だから、文化大革命で何十万人殺されても、下手人のほとんどは警察ではありません。ごく普通の一般市民、若者です。例えば高校生が教えてくれた先生を殺すのは当たり前でした。つまりスターリンの粛清と比べると、毛沢東の粛清はむしろ陰湿。人間性のもっとも醜い部分を、「革命」という名のもとに解放してしまった。

高山　しかも野放しにしちゃった。

石平　それどころか、さらに拡大してしまった。誰でも「こいつが憎らしい」と思うときがありますよね。そこで「革命」という名目があれば殺すのを正当化できるし、快感を感じる。復讐もできる。でも日本ではそんなふうに呼びかけられても、実行する人は少ない。それは共産党の体制の問題というよりも、そもそも国民性の問題ではないかと思います。

共産党と言えば、ロシア人がやったもう一つの悪い点は、マルクスとかエンゲルスが遊び半分でつくった共産主義というものを、レーニンが本気になって社会運動、政治運動化させ、共産主義独裁国家つくり上げたことです。その延長線で中国共産党が、そして朝鮮労働党が誕生し、極端に強権的で人間を抑圧する組織が出来上がった。それが世界平和の大きな脅威にもなっています。

あの朝鮮戦争だって、金日成が韓国を侵略したことから始まったのですし、中国大陸にもし共産党勢力がなかったら、文化大革命の虐殺もなかった。

GHQが日本に押しつけた「カルタゴの平和」

髙山 先ほどの「民間施設攻撃」の話ですが、確かに日本人は、あからさまな民間施設の攻撃や破壊工作はしない。しかし諸外国を見たら、必ずしもそうではない。

例えば、南北戦争の英雄の一人にシャーマン将軍がいる。のちに彼の名を冠したシャーマン戦車も登場します。この将軍はアトランタを落とすと、そこから東海岸のジャクソンビルまで、町も鉄道も何もかも破壊して五十キロ幅の無人地帯をつくった。「シャーマンの道」とか呼びますが、そういう破壊を平気でやる。破壊の究極の形態は原爆になるんでしょうが、戦争の本質は、略奪と強姦と殺戮と破壊なんです。これは旧約聖書で教えられている。先ほどモーゼの話をしましたが、「略奪できるものはすべて略奪しろ。男は全員、男のタネを宿している可能性のある人妻はすべて殺す。残った処女は〝ご褒美〟として慰み者にしろ」とモーゼが命じています。だから敵の男だけを皆殺しにして帰還した兵士には「なんだ、他のやつは殺してないのか。もう一度出直せ」と命令して、殺戮をやり略奪をやる。あとは何も残らない。

その後ローマ時代になって、地中海の覇権をカルタゴとローマが争い、スキピオがカルタゴを倒すと海洋交易国家カルタゴが再起できないように船を奪い、彼らの植民都市を奪い、農業国に落とし、賠償金を課し、軍隊も軍船も交戦権も奪う。

これが日本の憲法九条のモデルと言われます。ＧＨＱは日本にも朝鮮、台湾、南方諸島の放棄、軍隊の不保持、交戦権の放棄を突きつけ、「鍋釜が作れるだけの工業水準に落として農業国家にする」という占領政策を押し付ける。

そしてローマのスキピオは「カルタゴの有力者の子弟はすべてローマに送れ」と命じた。要するに人質なのですが、戦後日本で言うと「フルブライト留学生制度」です。カルタゴの人々をローマ人化して、農業国家に作り変えた。

カルタゴが丸腰になると隣のヌミディアがいいように簒奪を始める。そこでカルタゴは自衛のために武器を取り侵略者と戦った。しかしそれはローマとの降伏条件「ローマの許可なく戦争を起こさないこと」に違反したことになる。

ローマはそれを口実に第三時ポエニ戦争を起こしてカルタゴを攻め、カルタゴの町は焼き払い、貴族たちは皆殺しにし、平民は奴隷に売り払い、最後に更地にした城塞跡に塩を撒いて草木1本生えない荒野にしてしまう。世に言う「カルタゴの平和」です。これが日本以外の地で行われてきた戦争の形なんですね。日本人が理解しようとしても、ちょっと無理かもしれない。

虐殺や略奪をしなかったのは日本だけ

石平　清朝崩壊の引き金になった義和団の乱のとき、八カ国連合軍が北京に攻め込んだ。日本もその一員でしたが、「虐殺や略奪をしなかったのは日本の兵隊だけ」という評判がたった。そういう意味では、日本はまったく特別な存在です。

髙山　八カ国軍の総司令官はワルデルゼーというドイツの将軍でした。彼は北京につき、義和団を追っ払うとまず、兵士に「皇帝陛下のための三日間の略奪」を命じる。兵士たちは競って略奪、強姦、殺戮を繰り返す。その三日間が終わると、「今度はお前たちのための略奪」を認めた。結局六日間の略奪をやった。市民は彼らから逃れて日本軍の担当地区に逃げ込んだ。ワルデルゼーに言い分があるとすれば報復です。義和団はドイツ宣教師の横暴に怒って立ち上がり、独人宣教師が多く殺された。北京にいた独公使ケトラーも人種差別がひどく、おつきの支那人ボーイを殺している。そんな経緯もあって北京に入った義和団は独公使を捕まえ、耳鼻を削ぎ、心臓を抉り出してそれを食べた。そんな背景があるにせよ、公認略奪には呆れてしまう。ワルデルゼーはまた纏足《てんそく》の女を呼び寄せて紫禁城で酒池肉林を演じたと言われる。

発端となった山東省でのドイツ宣教師の布教も地元の道教の寺を焼いたり、好き勝手をやった。慈悲と寛容のキリスト教徒が聞いてあきれる姿だった。

石平　そうです、大問題ですよ。

髙山　それで中国人の僧侶を皆殺し。だから義和団も怒ったわけ。戦争っていうのは、そういう側面を持っている。「やるんだったらみんなやっちまえ」みたいな。

石平　義和団の乱もそうですが、戦争の背後に宗教的なものがあると、余計に極端な出来事が起こります。

髙山　宗教が口実ならまだいい方で、軍事行動というよりは近代兵器を持った強盗団みたいなケースも多い。例えば英仏軍による円明園焼き討ちもそうでしょう。北京郊外にあるこの清朝の離宮は、一八五六年に勃発したアロー号事件をきっかけに、英仏連合軍により破壊されてしまった。

石平　あれは宗教とまったく関係なく、単に宝物漁りです。

髙山　彼らにとっての戦争っていうのは、略奪と強姦、殺戮そのものです。イラク戦争のとき、アメリカはバグダッドの博物館から市民が宝物を略奪していったと報道していましたが、実際にはその多くは後にアメリカの空港で押収されている。アメリカの軍人やジャーナリストがあのときに博物館を荒らし、それをアメリカに郵送していた。それが空港でチェックされた。そういう恥ずかしいことを平気でやるんですよ。

石平　実はあの円明園の事件は、中国共産党政権によって国恥教育という歴史教育の材料にされているんです。「国の恥を知れ」というわけですね。中国は阿片戦争以来、数々のいじめや虐待を受けたという。そしてそこで逆の論理が生み出されたんです。「あいつらにやられたから、今回は俺たちがやり返す番だ」と。

プーチンの戦争に対する感覚にも同じようなものがあります。共産党政権が宣伝運動を展開したわけでもないのに、中国国内はほとんどがプーチン支持。「プーチンはよくやった」という声が多い。例えば戦争が始まったときに、中国の大阪総領事館の領事が「そもそもお前たち、弱いものが強いものに喧嘩売ったらあかんよ」とツイッターに投稿し、ウクライナをバカにした。一種の「タタールの軛」の後遺症ですね。これまでさんざんいじめられた結果、強いものの論理がすべてだと学んだんでしょう。「我々がいじめられたのは、ただ弱かったから。だから強くなったら我々も同じことをやらなければならない」という論理になってしまう。

だからある意味で、西洋列強が円明園を略奪したあの歴史を見て、中国人は、じゃあ我々も略奪しようじゃないかと考えるんです。おかしな歴史というか、中国人からすれば、「弱肉強食の論理は、そもそもお前ら西洋人が我々に教えてくれたのではないか」ということですね。

髙山　僕は、日本人だけが例外で、世界は旧約聖書の時代から、略奪も強姦も破壊もやってきたと思っている。モーゼですら、奪い犯してこいと言っているんですから。

“都合の悪い真実”を隠したがる欧米の歴史

髙山　実は「慰安婦問題の嘘」について発信を続けていた作曲家の故すぎやまこういちさんと、アメリカの月刊誌『フォーリンアフェアーズ』に意見広告を載せようとしたとき、そのモーゼの話を書いたことがあるんです。日本には世界と違って奴隷制もない、まして性奴隷なんて史実もないと訴えかけることにしました。先の戦争であった中国雲南省とビルマ（現ミャンマー）の国境付近にある拉孟《らもう》戦線の最期の模様を題材にしています。ここで日本軍が中国軍・米軍と戦火を交えました。

「敵軍に追われた慰安婦ら二十人が丘の上の日本軍陣地に逃げ込んできた。中国軍は連日、容赦なく攻撃を仕掛ける。守備隊長は玉砕を前に、慰安婦のうち五人の朝鮮人に白旗を持たせて丘を降らせた。『中国人は日本人しか殺さない』というのがその理由。妊婦を含む五人はその言葉通り無事に山を下り、米軍に保護された。残った日本人女性たちは男たちと一緒に最期を迎え、全員が玉砕した」

それを僕が日本語で書いたものを、英フィナンシャルタイムズ元東京支局長のヘンリー・ストークスが訳すはずだったんだけど、何度指摘しても旧約聖書のくだりを訳そうとしない。こんな虐殺と暴行と殺人と強姦を、モーゼが兵たちに命令していることが彼にはショックだったらしい。彼は聖書の民数記を読み直し、そういう記述があることを初めて知ったというんです。

どうしても書きたくないストークスに「じゃあ僕がそこを英訳するから」といったらさすがに折れて、その原稿がアメリカに送られたわけです。

すると今度は「フォーリンアフェアーズ」が驚いて、「ちょっと待ってくれ」と保留になってしまった。これは白人優越主義の象徴のような雑誌で「アメリカ万々歳」を標榜してやまない米外交問題評議会（ＣＦＲ）の機関誌です。何人もの国務長官が寄稿し、サミュエル・ハンチントンの『文明の衝突』も同誌に掲載された。そういう由緒ある雑誌に二ページ見開き写真つきで、この意見広告が載るはずだったのですが、そのくだりを見た瞬間に、態度がガラリ変わってしまった。はっきり言って拒絶してきた。

石平　拒絶するのはおかしい。あなたたちの旧約聖書にちゃんと書いてある！

髙山　モーゼがちゃんと言っているじゃないかと（笑い）。でも「お前らに言われたくない」というのが本心でしょう。

石平　でもキリスト教徒たちは、キリスト教が誕生して二千年以上、この旧約聖書の記述を問題だと思わなかったのでしょうか。

髙山　異教徒に対しては、ずっと同じことをやってきているんだから、何の違和感も持たない。でも、まさかそれを日本人に指摘されるとは思わなかった。

石平　そういう意味では、西洋人は中国人よりは素直な面がある。中国人は、実際に殺戮をしていながら、「殺せと命令した」ことは絶対に認めない。

髙山　いや、「日本は慰安婦を従軍させたり強制連行なんかやったりしていません。単にあれは吉田清治という詐欺師と日本を貶めることに狂奔する朝日新聞がでっち上げたことで、日本人はちゃんと日本人のルールでやっている」っていうストーリーです。

それでもヘンリー・ストークスはこの一事で対日歴史観を変えた。日本に対する偏見を捨て、欧米がやってきたことも素直に見て連合軍のズルをちゃんと書くようになった。それはアメリカ人には無理で、歴史と伝統を持つイギリス人ストークスにしてできることだと思います。この時期がたまたま、河野談話のいい加減さが暴露され、朝日が吉田清治の慰安婦報道はまったくの捏造でしたと頭を下げた時期とぶつかりました。結局、意見広告は出せませんでしたが、すぎやまさんは「意味があった」と話していました。少なくともこの記事を最初に見た「フォーリンアフェアーズ」の編集スタッフだけでも日本人の精神性を理解したはずだからと､彼は語っていました。そのすぎやまさんも昨年、そしてストークスも本年、相次いで鬼籍に入られました。惜しい人を亡くしたと思います。

石平　そこは歴史の怖いところですね。ただ、日本は古来、他民族に支配されることはなかった。だから日本は健全な国のままです。独立を保ってきた国は健全で、相手を支配する欲望もない。

高山　むしろ、逆にアジアを解放せねばと戦った。

完全に崩壊したプーチンのロードマップ

高山　ではロシアはどうか。「タタールの軛《くびき》」を経験して、いろんな時代を経て、そこから生み出されたのは、モスクワから発展してあちこちで逆に領土拡大し、覇権主義を求める意識。日露戦争もそうですけど、最後は旧ソ連になって、大帝国を作り上げようとする野望。そして逆に周辺の民族を「ソ連の軛」のもとに置く。やっとソ連が解体した後で、プーチンがまた同じことをやろうとする。

石平 なんという歴史の連鎖、宿命なんでしょうかね。

髙山 今回のウクライナの侵攻で、プーチンがあの表情を見せた途端に、フィンランドとスウェーデンがNATO加盟に走った。「もう絶対あいつらの支配は受けたくない」という気持ちでしょう。プーチンの思惑は完全に外れたね。

ワルシャワ条約機構が瓦解したとたんに、東欧諸国はよろこんでEUに駆け込んでしまった。今度はフィンランドやスウェーデンまで。フィンランドは一度、ソ連（ロシア）と戦争をし、敗れて支配された経験があるし、スウェーデンもバルト海をめぐってロシアと衝突した歴史があります。「もうロシアとは二度とごめんだ」という気持ちが強い。ポーランドなどは、「ロシアを食い止めるためならいくらでも援助します」と、自国に余裕がないのにもかかわらず、ウクライナに手を差し伸べている。

日本の場合、アジアに進軍したけれど、「もう二度と日本はごめんだ」ということはない。パラオに行ったときに気づいたんだが、英語圏なのに電話は日本語のそのまま「デンワ」。

昔の日本統治時代の名残がある。

石平　最初に伝えられた文化が、言葉として生き残っているのは、ひどいことをしていない証拠ですよ。ロシアの場合、「もう顔も見たくない」という具合にバリアが急拡大していくのは、自らがやってきたことの罪深い過去の投影。反省しなければいけない。同じことは中国にも言えますけど。

髙山　ロシアはこれから、問題山積だね。

石平　経済的には、おそらく中国の属国になる以外ないでしょう。彼らには不本意でしょうが、世界中を敵にして、「野蛮な国」というイメージが定着してしまった。ロシア人に同情もしたくなるけど、自業自得です。

髙山　しかし、ロシア人は中国人が大嫌いで、顔も見たくないほど。だから、中国の懐に飛び込んでいいように扱われるのは、意地にかけても選ばないような気がするけど。

石平　まあ、特にプーチンに関しては、習近平の家来になるのは絶対嫌でしょうね。

髙山　白人国家に対して最終的には膝を曲げても、絶対に我を張って、中国に屈する形にはしないと思う。ロシア人にとって、タタールの国イコール中国というイメージがある。ロシア語には「キタイ」という言葉があって、「お前はキタイか」というのは「嘘つき」のこと。「お前はキタイよりひどい」とかね。

石平　「キタイ」は契丹に由来する言葉なんですが、中国人とイコールになっているから漢民族もモンゴル人も含まれている。面白いのは、日本語でも「悪漢」「暴漢」「無頼漢」「痴漢」「大食漢」など、あまりよくないイメージの言葉に「漢」の字がついています。非漢族の人たちが漢族を馬鹿にして「漢狗」「一銭漢（一銭硬貨のこと）」などと呼んだので、それがいまに引き継がれているという説があります。

髙山　モスクワの「十月革命通り」をクレムリンから出てくるとKGBの本部があって、その左手にキタイスキーバザールという場所がある。そこだけは地名に残っている。僕は最初、この「キタイスキー」の意味がわからなかったけれど、「それはシナ人のことだ」と説明されて行ってみた。あまり中国的な香りはなかったですけど。

石平　でも、ロシアがどうしても中国の属国になりたくないならば、まあ、プーチン政権がどうなるかは別として、一度自分たちの戦争責任を清算して、世界と和解する以外にない。

髙山　プーチンはどうやって戦争を終息させる気なのか、いまは誰にもわからない。ともあれ、中国に屈するっていうのは絶対にないような気がする。

石平　もちろん、中国の風下に立とうとはしない。でも世界中から経済制裁を受け、封鎖されている中では、やはり中国に頼らざるを得ないでしょう。

髙山　誼《よしみ》を通じていることは間違いないからね。プーチンは北京の冬季五輪にまで挨拶に行っているのだから。

第3章

実はプーチンに戦争をさせたかったアメリカ

欧米は戦争終結後もロシア包囲網を解かない

石平　しかし、ロシアにとって、このウクライナ侵略はかえってマイナスだったとしか思えませんね。

髙山　いまもだいぶ苦戦しているけれど、戦局もロシアという国家の位置も、今後ますます厳しくなっていくでしょうね。たとえこの戦争が終息しても、欧米はロシア包囲網を解くことはないでしょう。それは過去の苦い経験があるから。

実は、コソボ紛争でNATO軍がセルビアを空爆したときから、アメリカはロシアの封じ込めを狙っていた。特にユダヤ系の実力者やネオコンはそれを最大の目標にしていたはずで、そういう意図を持った人たちがいることは間違いない。ただ、その後の対応がなってなかった。ロシアがグルジアを攻めたときにも、プーチンはすぐ傍で軍事演習をやっていてそのままなだれ込んだ。今回と同様です。あのときも自作自演のテロ事件を引き起こして軍事行動の正当性を主張した。しかし欧米は格別、強硬な態度に出なかった。

石平　その後もクリミア半島を一方的に占拠したとき、オバマは口頭では非難したけど、強硬手段には出ていないですね。

高山　そうです。その結果、プーチンは何をやっても大丈夫と錯覚した。彼の武器は暗殺です。ジャーナリストがプーチンを批判すると、ポロニウムまで持ち出して暗殺してしまう。シアン化合物の一万倍以上と、現存する物質ではもっとも毒性が高いノビチョフという神経機能に作用する暗殺用の薬品までわざわざ作って、ロンドンで反対派を暗殺したり、国内でも女性記者を殺したりしている。プーチンに反対する者、彼の野望に水を差そうとする者が公然と殺害されているのです。

暗殺された人数は合計百人とも言われ、新聞に載った知名人は六、七人いる。モスクワはもちろん、ロンドンやイタリアでも実行されています。特にロシア連邦保安庁（FSB）とKGB（国家保安委員会）の元職員であったアレクサンドル・リトビネンコは、二〇〇六年に亡命先のロンドンでポロニウムを盛られ、三週間苦しんだ末に死んでいった。最後は頭髪がすべて抜け、ひどい内部被曝症状だった。ポロニウムという物質は核を扱う国でないと製造できないし、常時用意している国はロシアしかない。でも欧米は、内実を知りながら、このときも現実的な非難行動までは取らなかった。

石平　なんでここまで増長させるのかと、あの当時でも思いましたよ。

髙山　そうやって暗殺もグルジア侵攻もクリミア奪取も放置し、増長させるだけさせた。それが今日のウクライナ侵攻を招いたことは間違いない。イラク戦争のとき、CNNなどはアメリカ批判を繰り返し、先頭に立って国際世論を煽ったのに、このときはまったく世論に訴えかけなかった。だからプーチンは「どこまでやっても大丈夫」と勘違いしてしまった。

石平　明らかにプーチンはたかをくくっていた。でも今回も大丈夫だろうと思わせた最大の責任者はアメリカです。

髙山　緻密な頭脳を持たないバイデンでないことは確かだけど、アメリカが深く関与していることは間違いない。クリミア半島が併合されたのが八年前。ここはもともとロシアのものだからという意見もありますが、ロシアがサイバー攻撃を仕掛けて電話も携帯も一切通じないようにしたので、ウクライナ政府はつんぼ桟敷に置かれたまま、気づいたときにはロシアの軍隊が流れ込んでいた。そして一方的に領有されてしまった。

今回もプーチンは同じ方法をとったのですが、実はこの八年間でアメリカはロシアのサイバー攻撃に対する完璧な防御態勢を構築していて、正確に敵を捕捉していた。一方ロシア側は逆にサイバー攻撃を仕掛けられ、司令官から前線への連絡一つ満足に取れない。しょうがないから携帯電話で連絡を取り合ったという話もあり、ウクライナ軍に好きにやられてしまった。

石平　いまの構図を聞いていると、ひそかに穴を掘って猛獣を自由にさせ、そこに落とされたらどうにもならないようにするようなものですね。

でも不思議なのは、アメリカも当然察知していたのに、バイデンがプーチンに対して送ったメッセージが、「武力出兵はしない」という腰砕けのようなもの。あれは理解できません。たとえ出兵しないと決めていたとしても、戦争の前に言うべきことではないはずです。それではプーチンに足元を見られてしまいます。

高山　あれは二〇二二年の二月二十四日直前のこと。確かにアメリカは八年前、オバマの時代からすでに準備はしていた。それを見事に隠して侵攻を促したと見ることもできる。「ラストストローというか、最後のダメ押しになった」とは穿《うが》ちすぎだろうか。

ウクライナ戦争は「ディープステート」に仕組まれた？

石平　では、プーチンに対抗するためにウクライナの準備を手伝っていたのはトランプの時代になってからのことですか？

髙山　そうですね。オバマがそれをやるとは思えないし。でもアメリカには、よく言われる「ディープステート」（ＤＳ：闇の政府・アメリカ政府・金融・産業界による秘密のネットワーク）がある。米政府の利害を乗り越えた戦略を練っている組織を言います。アメリカは建国以来、わずか三百年にも満たない若い国。古くから連綿と続く強固な伝統も組織もないから、舞台の裏で活躍する組織に頼らざるを得ないところがある。例えば日本だと、江戸幕府にしろ明治政府にしろ、いったん決めたのと正反対のことをやろうとしたら、必ずどこかから制御がかかってきます。イギリスだって同じ。その反対に歴史の浅い国だと、案外自由に突破できてしまう。

第十六代大統領、アンドリュー・ジャクソンは表の政府のほかに「キッチン・キャビネット」を持っていた。ホワイトハウスの台所で集まって計画を練る腹心のグループがいたわけです。ジャクソンは粗野でろくに字も書けない大統領だったが、将来のアメリカの姿を考え、例えば目障りな先住民を遠くロッキー山脈の向こうに追放しようと考える。そんなことは表の議会やキャビネットでは話し合うこともできないが、そういう本音政治をキッチン・キャビネットで決めて、「インディアン移住法」を成立させる。それでいままで白人社会に馴染もうとしていたチェロキー族は二千キロ先のいまのオクラホマまで追放される。彼らは文句も言わず「アメージンググレース」を口ずさみながら荒野を追い立てられて半分が死んでいく。「涙の旅路」として知られる話ですが、ＤＳの最初の形をよく示している。それも新聞が加担して初めてできる。アメリカの新聞に正義などないのですよ。

もう一つ、アンドリュー・ジャクソンは現在のＦＤＲ（連邦準備金制度）のような、誰が握っているのかわからないような組織が国家の銀行券を発行することに異議を唱え、アメリカ銀行の創立を画策した。その結果、暗殺されそうになる。これもまたＤＳの意図だったと言われる。若い国にはこうした外国勢力も絡んだ別の組織も同時的に存在していたということでしょう。

石平　ディープステートというものが実在するかどうかは別として、もし八年前から線が連なっているのであれば、政権を超えたところの意志がどこまで働いているのでしょうか？

髙山　いつの間にかバイデン政権になってしまったが、その裏に確固としたキャビネットが形成されていることは間違いありません。

石平　なるほど、ではいま、いちばん「しまった」と思ってるのはプーチン自身かもしれませんね。西側諸国がロシアには関与しないというメッセージを送っていたのに、「なんでいまさら？」って。

高山　サイバー攻撃で通信網を遮断したはずなのに、ウクライナ軍は連絡可能で、ロシア側はまったくだめだった。やむなく自分たちの肉声で、大声を出すしか方法がなくなった。

石平　得体の知れないものにはめられたということですね。

高山　「オレより頭のいいやつ」にね。戸惑いは大きかったはずですよ。

石平　でも、悪い意味もいい意味も含めて、なにか得体の知れない意志が働いているとすれば、目的はなんでしょう。ロシアを潰すこと？　プーチンを潰すこと？

高山　もしかしたら、巧妙にロシアに戦争を起こさせて、結果的に力を削ごうと考えたのかもしれない。その意味では「仕組まれた戦争」という要素も否定できない。

例えばメキシコやカナダが中露の軍事同盟に入ろうとしたら、アメリカも怒るよね。でも、アメリカ自身が過去にやっているんですよ。相手はスペイン。当時、キューバはスペイン領でしたが、いずれ独立する可能性が高かった。意志を持った独立国としてスペインに与《くみ》したら、アメリカにとっては脇腹に突きつけられた脇差のような格好になります。そうなっては困るので、キューバの奴隷たちを保護するという名目で因縁をつけ、キューバに介入するんです。のちの大統領、セオドア・ルーズベルトは海軍省次官でしたが、義勇兵としてキューバに赴きます。

つまり、いかにもスペイン人が悪いように見せかけて、スペインに対米戦争を引き起こさせ、勝利してキューバを手に入れるんです。手に入れたら「独立させてやる」という約束など反故にしてグアンタナモ基地を置いて保護領にしてしまう。当然です。脇腹に位置するような国が勝手に動いたら、危なくてしようがないですから。

石平　しかしその結果、一九五九年フィデル・カストロが革命を起こし、一夜にして社会主義政権が誕生した。原因を作ったのはアメリカですね。

髙山　その通りですね。アメリカにすればキューバは米国の掣肘《せいちゅう》が効けばいい。あとは政治的にまとまらず常に社会不安があるような乱れた国であればいいわけです。それでバチスタのような犯罪人みたいな男の統治を許し続けた。そこまで堕落するとカストロのような正義漢が出る。そしてまさかの革命が起き、ソ連と結んであのキューバ危機が訪れる。アメリカの傲慢が生んだ当然の帰結でしょう。それが歴史の面白いところで、悪い者がいつも勝ってばかりはいない。どこかで修正が施されるものです。

西側はウクライナを犠牲にしてもロシアを叩く

石平　しかし、キューバを言葉巧みに騙して「かわいそうだから助けてやる」と甘い言葉で誘っておきながら、自分の国の奴隷にしてしまったのだから、アメリカも立派なことを言えた義理じゃないですね。ウクライナもそうした謀略の舞台にされたとしたら、悲惨な目に遭っているウクライナ国民はたまったものじゃない。

髙山　心から同情します。でも、分裂していようと、犯罪国家であろうと、滅茶苦茶な国であれば、アメリカの脅威にはならない。キューバという国をそうしておいて、いざというときはすぐにやっつけられるようグアンタナモ基地も置いてある。そういう自分の都合でよその国を牛耳ってきたわけです。それがキューバ危機を経てつい最近になって両国の間で和解が成立した。百年を超える苦難の原因の大半は米国のエゴだったわけです。

いまのウクライナはロシアにとって、かつて米国の横腹に突き付けられたキューバと同じ存在と言っていい。ウクライナもまさにロシアの脇腹に突きつけられたナイフです。おまけにバチスタ時代のキューバよりはるかに破茶滅茶な国で、腐敗はひどいし、汚職も横行している。

けれど、NATOにしてみれば、そんなことはどうでもいい。キューバと同じにウクライナを取り込んでロシアを嵌めようとした。ロシアは、「アメリカだってキューバを取ったんだから、オレたちが取って当たり前だろう」と考える。

ロシアにとってウクライナがキューバ以上の存在なのは同じスラブ民族という出自もある。「ベラルーシも含めて、三国で純粋なルースキー・ミールをつくります」という言い分があることでしょう。

石平　結果的に戦争がどういう形で集結するかは不明ですが、今回の戦争で、ウクライナ人とロシア人の民族的憎しみ、対立は、永遠に解決不可能な状態になるでしょう。周辺の国々のロシアに対する敵対意識も当分の間、消えることはない。その一方で、ウクライナは西側の国に入っていく以外、生きていく道はもうない。

朝鮮戦争の真の「勝者」と「敗者」は

石平　そこでいま、髙山さんの話を聞きながら、私は朝鮮戦争のことを思い出しました。

この戦争で作り出されたアジアでの分断はいまも続いています。金日成が毛沢東とスターリンの意を受けて韓国に侵攻するのですが、当時のアメリカも表立って抗議しなかった。

髙山　言わないどころか国務長官アチソンは「朝鮮半島は我々の防衛線外だ」とまで明言した。つまり守る気はないからどうぞ、とね。

石平　金日成は「シメた」と思ったでしょうね。大よろこびで南朝鮮に侵攻したら、大半を占領したところで国連軍という形で米軍が出て来て、やがて中国まで引きずり出されてしまうことになった。

中国は当時、共産党政権が成立したばかりで建国から一年も経ってない。戦争どころではないというのが周恩来たちの本音です。そこで周恩来はアメリカにこう宣言します。「米軍が韓国に介入しても構わないが、三十八度線を越えたら、中国は見過ごすことはできない」

結果的に李承晩《りしょうばん》の韓国軍が三十八度線を越え、米軍が追随した。これで中国は解放軍を「義勇軍」に扮して出兵させ、介入することとなった。全面的に中国軍とアメリカ軍が戦うことになったのです。

でもその結果、いちばん損をしたのは中国です。朝鮮戦争に介入しなかったら、あの時点で台湾を奪取できていたかもしれません。しかもアメリカと決定的対立状況になって、ソ連と同盟関係を結ぶ以外になくなった。結果的に朝鮮半島の三十八度線が休戦ラインとして、いまも固定化されています。双方とも三年間に及ぶ戦争で得たものは、休戦ラインが元通りに回復されただけという〝情けない〟事実。

髙山　朝鮮動乱のころ、僕は小学生でしたけど、よく覚えています。当時、急にパンサージェット戦闘機などが雑誌の表紙を飾ったり、新聞の一面に米軍のタンクが一列になって行進している写真が載ったりして、「かっこいい」なんて、血湧き肉躍るような思いをしたものです。

石平　しかし、日本は得をした。結果的に戦後日本復興の契機にもなりましたよね。

髙山　それまでアメリカは、日本を完全に抹殺する気でいた。あの憲法を押しつけたのも、そのためのスキーム作りです。エドウィン・ポーレー賠償使節団長は日本の重工長大産業をすべて解体して満洲に移し、中国に市場力をつけさせようとしました。それは先ほども述べたように、「中国市場こそアメリカにとってのマニフェスト・ディスティニー」を標榜していたから。太平洋を越えた文明の最終落着点が中国だったからです。

結果的に中国市場を育てたのは戦後日本のＯＤＡなのですが、終戦直後、アメリカは日本を潰して産業基盤を満洲に移そうとした。満洲にはすでに日本が建設した重工長大産業の基盤が揃っているはずでした。でも実際にポーレーが視察してみたら、ことごとく解体されてしまって、まるで塩をまかれたカルタゴ同然だった。八路軍と国民党軍、そしてロシアがそこで好きに破壊と略奪をやった。めぼしいものはすべて運び去られていたんです。

ポーレーは「では工業基地をどこに置いたらいいんだ！」と困惑したほどです。旅順、大連、新京（いまの長春）もすべて灰燼《かいじん》に帰していた。日本の工業を解体しても持って行き場がない。どうしようと思っていたら朝鮮戦争が勃発した。日本は朝鮮戦争を支える大事な兵站《へいたん》基地になった。米軍が日本の重厚長大な工業力を頼りにしなければならなくなった。それもこれもロシア人と中国人が満洲を「解体」してくれたおかげだった。何とも皮肉な話です。

石平　当時、中国に誕生した共産党政権には二つの選択肢があって、アメリカ、西側と関係を結ぶのか、ソ連一辺倒にするかでした。そこで毛沢東はソ連一辺倒と朝鮮戦争参戦を選択したのですが、これが大間違い。その結果、中国は完全に自由主義経済圏の枠組みから外れ、代わって日本が浮上した。そして日本はアメリカにとって太平洋地域で最良のパートナーとなり、経済成長のチャンスも得た。もちろん日本の経済成長は九〇パーセント近くは日本人の力で成し遂げたものですが、国際環境も無視できません。つまり中国は自らインド太平洋の経済成長モデルから離脱したのです。それで中国は、戦後日本に大きく立ち後れることになったのです。

この戦争でいちばん得をするのは誰だ？

石平　さて、ウクライナ戦争の話に戻りますが、では大局的に見て、いちばん損するのがロシアだとしたら、もっとも得するのは誰なんでしょう？

髙山　フランスのマクロン大統領はつい三年前まで「NATOは脳死状態だ」と発言していました。トランプ大統領にも「防衛費GDPの二％」という要求を突きつけられてアップアップの状態。「いつまでもアメリカにおんぶにだっこされるんじゃないよ」なんて暴言を甘んじて受けるしかなかった。フィンランドやスウェーデンもそっぽをむいたままでした。それが今度のプーチンの戦争で団結し直した。これまで利用するだけ利用し、ご都合主義で対処して来たトルコまで、ちゃんと好遇することになった。

これで欧州圏は、考えられないくらい落ち着いた市場になるはずです。東欧諸国まで取り込んで、ウクライナまでNATOに加盟できたら、ウクライナの農産品は世界中に出ていますし、バイデンともつながっているので、NATO、EUは、これまでと比べものにならない活力のある地域になるでしょうね。

石平　これでEUが、ウクライナという農業大国を仲間に取り込む。ドイツも完全に姿勢を変化させましたしね。

髙山　ドイツはこれまで「メルケルの呪縛」が大きかった。メルケルはあまりにロシアと密着しすぎでした。ノルドストリームも彼女が創った。そんな情勢を変化させるには、例えばドイツの有力紙「シュピーゲル」あたりがメルケル政治の総括をして区切りをつけること。現首相のショルツは口先だけで何もやっていない。いまだってロシアが生き延びているのは、やはりドイツのおかげです。

話は変わるけど、実はもう少し前に遡ると、エリツィンの時代にロシアがNATOに入りたいって言ったことがありました。「オレも欧州だ」って。

石平　え、それはおかしいでしょ。そもそも旧ソ連に対抗するためにNATOが結成されたのですから……。

髙山　もちろん、東欧正教会だし、スラブ人だしということで拒否されたのですが、いまはセルビアなどのスラブ人はおろか、イスラム教徒の国アルバニアまで加盟させる。同じイスラムのトルコはとっくに加盟しています。明らかなNATOの東方拡大。EUも一緒です。現在、加盟候補国としてアルバニア、北部マケドニア、モンテネグロ、セルビア、トルコが欧州理事会で承認され、コソボとボスニア・ヘルツェゴビナが潜在的加盟候補国と位置づけられています。これにウクライナとモルドバというNATO加盟を認められた国まで加入したら、ロシアのまわりは完全にEUに包囲されてしまう。

石平　EUとアメリカとの関係もさらに緊密化されていきますね。

髙山　そうだね。トランプが要求したように、ドイツだって国防費GDP二%に進み出している。トランプとの約束がいまごろになって実を結ぶ。

石平　今回のプーチンの戦争が、世界史的にも、ロシア自身の歴史の中でも大きな転換点になりそうですね。ソ連の崩壊以上に大きなインパクトを与える。

髙山　プーチンはベルリンの壁崩壊のとき、東ドイツにいたんですね。あれを見て本国に帰って、今度ソ連の崩壊を見て、こんどはロシアの崩壊を自ら演出する……。

石平　悲劇の人物なのか、喜劇のピエロなのか？

髙山　歴史の歯車を彼が早めてしまったんですよ。だからエリツィンと同じように、内心ではロシアもNATO、EUに入れてくれないかなと願っているんじゃないかな。

石平　いやあ、それは当分無理でしょう。

髙山　でもいずれ、そういう選択に迫られるんじゃないかな。

ロシアは虎視眈眈と北海道を狙う

石平　いまわれわれはプーチン政権の存続を前提に話をしていますが、ロシアにとって唯一最大の救いは、プーチンそのものが消えてくれること。個人が消されるのでもいいけれど、政権そのものが崩壊することでもいい。そうでないと、ロシアは中国の属国になるしかない。それが嫌ならプーチンを消せと、国民に訴えかける。

髙山　そういうことですね。ロシアと中国を切り離すという意味では、これは西側にとっても大きなチャンスですね。

石平　ロシアの運命にとっては、ここが正念場。プーチンがすべての問題の根源になっていますからね。ロシア自身の意志でプーチンを消すことができたら、戦争責任はすべてプーチンに被らせて、再びヨーロッパの一部になるというシナリオが現実化します。中国はそれで最大の仲間を失うので、西側にとっては万々歳。
本来ならそのシナリオがベストですが、でもその反対に、プーチン政権がしぶとく存続することもあり得ます。ＮＡＴＯ拡大の流れに逆らえないし、ヨーロッパで厚い壁にぶつかるけど、中国と歩調を合わせて対峙してくることも考えられます。その証拠に、ここ最近、中露の海軍が日本周辺をうろうろして共同演習をしています。髙山さんは、今後、ロシアの進む道はどちらだとお考えですか？

髙山　ロシアは核使用の可能性を示唆して恫喝していますね。でも、自ら同胞と呼ぶウクライナには核は使えません。使ったらルースキー・ミールは分解する。だからと言ってＮＡＴＯ軍が直接介入してきたとしても展開するＮＡＴＯ地上軍に対しても余計に核は使えない。核を使ってしまったら、それこそロシアの終わりです。
ではどうするか。気になったのが、中露海軍の共同演習もありますが、日本海でいきなりロシアの駆逐艦が最新鋭の対潜水艦ミサイルシステム「オトベト」をぶっ放したこと。このミサイルシステムは発射後、空中を最大マッハ二・五で飛行し、目標の潜水艦の近くで着水した後、自動で潜水艦を探知して追尾するといいます。

石平　ほう、とても精度の高いものなんですね。日本の海上自衛隊の潜水艦が標的なんですか？　日本海にはアメリカの原潜もいますけど。

髙山　アメリカの原潜はたぶん逃げられるでしょう。でも日本の通常型潜水艦では、そこから逃げられないそうです。もし、日本が潜水艦を使って敵基地攻撃をしたとしたら、つまり潜水艦発射ミサイルを撃った瞬間、そこをめがけて「オトベト」がやってくる。通常型の潜水艦乗りなら、撃たれたら終わりというのは覚悟せざるを得ない。海自の潜水艦が日露が衝突した瞬間、すぐに殲滅されてしまう。それぐらい大きな意味を持ちます。

着弾したのは日本の経済水域の外側でしたが、そんな瑣末な話ではなく、これはロシアが露骨に日本に脅しをかけてきたということ。もしかしたら東欧以外の地域、場合によっては北海道を狙っていて、そのための演習をしたのではないかとさえ思えます。

その証拠に、最近、ロシアが妙に北海道に言及することが増えてきました

石平　「公正ロシア」党首のセルゲイ・ミロノフ・ロシア下院議員は「ロシアは北海道の権利を有している」といい出している。

髙山　プーチンも「アイヌのルーツはロシアの先住民族だ」と言い出した。そもそも北海道は、数千年前から現代の日本人に通じる縄文文化圏だった。ちゃんと遺跡もある。それから時代が下って十三世紀。鎌倉時代に樺太周辺の争いに負けたアイヌ人たちが北海道に

流れ着いてきた。いわば彼らは日本で最初の「在日」なんです。二番目が韓国人。でも日本に住み着いて、いまはれっきとした日本国の人間。生活保護も受けています。

それを弱者救済の掛け声もあってアイヌ人救済が叫ばれ、政治的配慮も手伝って「先住民」認定した。すかさずプーチンが北海道の先住民が我がロシア人のアイヌなら「北海道はロシアのもの」というわけだ。そのアイヌ人が日本人に迫害されているとしたらほうってはおけないということになる。

石平　「ドンパス地方でロシア人がいじめられている」という、ウクライナ侵攻と同じ手口を使おうとしているんですね。

髙山　そうです。しかも日本相手なら核が使えます。日本は非核三原則を国是だと言って、仮にやられても敵基地攻撃は許せないとか野党も言っている。報復を気にしないですむから気楽に核兵器も使える。

「旧敵国」の日本には国連決議なしでも攻撃し放題

髙山　日本にはもう一つ、国連憲章に言う「敵国条項」という縛りのあることも忘れてはいけない。憲章第五十三条には「武力制裁」について書いてあります。例えばいま、ウクライナを侵略しているロシアです。この国は、日本が降伏した後、火事場泥棒のように日本を攻めてきて、強姦、略奪、殺戮を繰り返しながら、南樺太から北方四島まで日本の領土を奪っていった。戦後の東欧でも、共産化に抵抗する市民に躊躇なく砲を向け、戦車で轢き殺して喜んでいた。国連憲章第五十三条は、こういう国に対して「各国が協力して軍事制裁を科す」ことを認めています。ただしその場合も国連安保理の承認が必要とされます。

石平　今回のウクライナ侵攻も、当然その対象でなければならないはずなのに、おおもとのロシアが常任理事国だから、決議が通らない。

髙山　おかしな話だよね。いずれにせよ、悪い国に対しては正常なら安保理の承認のもとに懲罰が課せられますが、例外もある。それが「敵国条項」です。

先の戦争で日本は枢軸国側で、戦った相手は連合国軍です。その「連合国」が実は「国連」なのです。国際連合というのは誤訳です。だから連合国軍と戦った国、例えば日本、ドイツ、フィンランド、ハンガリー、イタリアは、国連では敵国として扱われます。

この分類は消えてはいない。この敵国がロシアと同じような野蛮な行動に出たら、脅威を感じた国々は「安保理事会の承認なしでも武力制裁をしていい」と明記されている。たとえば日本が「敵基地攻撃能力を備えた」と判断したら、中国や北朝鮮は「日本帝国主義の復活で、我々に重大な危害を与えるものだ」と見なして、国連安保理の許可なしで勝手に攻撃できる。それは国連憲章で認められた正当な行為になっている。

この旧敵国条項は、約三十年前の国連総会で廃止された、もはや死文化した条項だという解釈もあります。しかし安保理はまだ廃案を決めていません。それどころか中国は、尖閣問題に絡んで、日本に対して「旧敵国のくせに我が領土を奪う気か」と発言している。

もし尖閣で日本が余計なことをすれば中国は躊躇《ためら》わず敵国条項を使うぞと脅している。北朝鮮もしかりです。そんなならず者国家に、国連は「正義の刃」を持つお墨付きを与えているんです。唯一の被爆国、日本はその意味で格好の三発目の投下地点というのが現状です。

石平　しかもそもそも日本は、憲法九条で「報復しません」と宣言しているようなものですし、核による報復能力も持っていませんし。

髙山　「非核三原則」で、核は持ちません、核報復はしませんと自ら言ってるんですから、これほど安心してぶち込める国はない。「逆らうと核を使うよ」という脅しが簡単に通用する。それを中国がお手伝いして、合同軍事演習を実施している。

石平　ロシアが北海道を襲うならば中国は台湾を襲う。米軍が両方に対処することは不可能です。そうなると日米同盟は機能しなくなってしまう。

高山　しかも、これはチャンスと、北朝鮮が韓国に攻め込んだりしてね……。

石平　あくまでも可能性の話ですけど、ロシアは日本、北朝鮮は韓国、中国は台湾、尖閣となったら、アジアは大混乱。その時点で日米同盟は瓦解しそうですね。

高山　核の威嚇の前に、例えばウクライナが降参し、西側がそれを見捨てるようだと、そういうシナリオが現実味を帯びて来る。

アメリカはどこまでウクライナを支援するか？

石平　で、アメリカはどこまでウクライナを支援しようとしているんでしょうか？　長引いた方がいいのか、それともドンバス地方はロシアに引き渡して、そこでウクライナに手打ちさせた方がいいのか。どういう戦略を考えているのでしょうか？

高山　アメリカは八年前から、プーチン体制転覆を狙っています。ロシアでなくプーチン体制です。その意図ははっきりしているので、ウクライナの敗北というシチュエーションは絶対に作れない。プーチンの顔を立ててしまうわけにはいかないからです。ウクライナ自身も「祖国戦争だ」と宣言しているくらいですから、安易な妥協は一切しないでしょう。

それはグルジアも同じで、放っておくとウクライナだけではなく、グルジアとか別のところで、アンチプーチンの動きも連動してくるかもしれない。アメリカはそれらを懸命に支援して、絶対にウクライナを敗北に追い込むまいと必死です。

したがって脱出口があるとしたら、「西部戦線異状なし」の停滞状態にしたまま、東部戦線だけで攻防を活発化させるというシナリオ。これは充分考えられる。

石平　逆にいまは、むしろ西側がこの戦争を長引かせようとしているのではないかと思います。もしウクライナへの支援を絶ったり、弱めたりして、ウクライナが抵抗する意志を失うと、いままでやってきたことが台無しになる。その一方で実際に出兵して、ロシアとの対立を直接深めると、プーチンが暴走する。西側にとって、いまのような膠着状態が続くのが望ましいのかもしれません。

バイデン大統領はポーランドを訪問したとき、「プーチンを消すのが目的」だと演説した後で否定したけど、これが本音かもしれません。戦争を長引かせてロシアを消耗させ、ロシア国内の変化を待つ。プーチンがいずれ失脚するように、暴走しないようにコントロールしながら、追い込まずして自滅を待つ。これは結構狡猾なやり方ですが、その代わりにウクライナ人は、自分たちを犠牲にして抵抗し続けなければならない。

高山　ロシア側も、このまま下手に戦争を終えたら賠償請求などをつきつけられる。かつてルーマニアにチャウシェスクという独裁者がいて、革命によって民衆の手で絞首刑に処せられました。あんな格好で、最後はロシア国内で革命が勃発し「血を流してプーチン体制を終わらせました」といった構図を作りたい。そうでなかったら「戦争は終わりました」といっても……。

石平　制裁が解除されることはまずない。

高山　……だろうね。

石平　戦争責任を背負わせてプーチンを消すということが、唯一、これからのロシアの生きる道ですよね。これでロシアを取り込めれば、西側は喜ぶかもしれません。

高山　陸軍の将軍がクビになったとき、かえってにこにこしていましたね。

石平　ロシアでは、権力の座を下りたら、待っているのは死です。でも彼にはそんな気配がない。もしかしたらこの本が出版される時期には、それが現実になっているかもしれない。可能性がまったくないわけではない。

髙山　でもクレムリンは警戒厳重だろうし、そのわりにはプーチンはけっこう外遊しているけど、ほんとは出歩くのも怖いんじゃないかな。

石平　「歴史は繰り返す」と言いますが、ひとつの国家の運命がプーチンという人間にすべて委ねられているというのは、いい意味でも悪い意味でもとても危険ですな。

髙山　ヒトラーだってここまで暴走しなかった。もうちょっと計算していたはずです。

ロシアと中国がタッグを組む「二正面作戦」の成否

石平　ところで、バイデンは相変わらず人気がないですね。

髙山　僕は、バイデンが正当な大統領なのか疑わしいと思っているんですよ。日本の新聞は完全に否定しているけど、この前の大統領選は異常で、絶対にトランプの主張が正しいと思う。日本時間ですが、こっちが寝るときにトランプの票が伸びてきたのに、翌朝になってみたらバイデンが倍以上も伸びて勝っている。「あり得ない」現象でした。それも、これまでやったこともなかった郵便投票を実施した結果です。「選挙が盗まれた」というトランプの訴えに対してもなんにも解明しないまま。いまごろになって、トランプの主張を検証している。今度の中間選挙でアメリカの正気度が試されるね。

石平 アメリカには自浄能力、回復する力があることはあると思います。

髙山 バイデンがなにか言うたびに「大丈夫なの？」という反応が強い。普通はあり得ない反応だよ。それほど信用されていない。

石平 しかし、バイデンはバイデンなりに一所懸命やっているのかもしれませんよ。対中国路線は一応、表向きではトランプ路線を受け継いでいる。

髙山 でもウクライナで戦争が起こり、そこに中国に関する有事が勃発したら、二正面作戦になる。確かにアメリカは参戦はしていないけれど、物資援助は半端じゃない。だからプーチンにウクライナ侵略をさせないように、本気で迫るべきだったのに、バイデンは口頭で警告しただけだった。大失敗です。

石平 それがバイデン政権のやり方。不思議でなりません。

髙山 西側勢力圏がスウェーデン、フィンランドまで及んだというのは、あとあとの陣取り合戦で考えればプラスになるのかもしれないけど、でもそれ以上に、二正面作戦のほうがリスクが高い。ロシアをおとなしくさせておいて、うまくいけば中国とロシアの仲を裂こうと、アメリカのリアリストの学者たちは思っていたのではないでしょうか。でもバイデンの警告は迫力不足で、結局プーチンにウクライナ侵攻を許してしまった。

髙山　でも「二正面」というけれど、単純にそうなるとは限りません。台湾は島国ですし、海峡を渡る渡河作戦はなかなか困難なものですよ。もちろん、もっとも狭いところだと百三十キロなのだから、ミサイルで攻撃することは可能。台北のタワーなんて好き放題に破壊される。でも、人民解放軍が揚陸艦で台湾に上陸するのは容易ではないはず。

石平　台湾はれっきとした独立国なのに、中国はすぐ「内政問題だ」と主張しますよね。

髙山　そういうけれど、誰が見たって内政問題じゃない。台湾は中国とは別の国として機能しているんだから。それなのに中国は台湾は中国のものと主張してやまない。夜郎自大もいいところだね。

徹底抗戦だから世界はウクライナを見捨てない

石平　ところで髙山さん、ゼレンスキーについてはどう見ますか？

髙山　ユダヤ人なのはよく知られたところですね。ウクライナというところはユダヤ人ゆかりの地、白いユダヤ人を「アシケナージ」と呼ぶのですが、もともとドイツに由来する言葉です。たとえば『屋根の上のバイオリン弾き』というのは、まさにウクライナでひどい目に遭うアシュケナージの話です。スラブ人のユダヤ人虐待ポグロム（ロシア語でユダヤ人への集団的迫害行為）が物語の背景にある。そういう意味では、ゼレンスキーのような小さな男がウクライナ人の巨漢の間に混じっていると、ちょっと不思議な気がします。日本人はあまり意識しないだろうけど。

石平　ウクライナ人も、ユダヤ人のゼレンスキーを受け入れてますよね。

髙山　昔は憎しみ合ったり殺し合ったりしただろうけど、その後、ウクライナ人はロシア人にひどい目に遭わされ、今では被害者同士、ロシアをともに敵にして戦う戦友ですから。

石平　そのゼレンスキーがイスラエルに文句をつけていた。

髙山　イスラエルはロシアとの関係が深いから、あまり積極的にウクライナを援助していない。でも人的サポートはずいぶん多いと聞いたことがある。それにしても、ひところ「ゼレンスキー疲れ」が騒がれましたが、いまは正義のスターのようになっていて、以前は二〇%程度しか国民の支持がなかったのに、いまや約九〇%の大人気。

石平　本人がどういう政治家、人物なのかは別として、ある意味では歴史のしかるべきところでしかるべき役割を見事に演じている人物と言えますね。もし戦争がなかったら、彼は歴史に残らないような大統領。でもこの戦争で、本人が決して逃げようとしなかったことが評価された。

髙山　それがいちばん大きい。

石平　もし本人が逃げていたら、その後の展開はなかった。プーチンの完全勝利で、ただの西側とウクライナの失敗談で終わったでしょう。ロシアに対する制裁もなければ、NATOの拡大もなく、いろんな国々が支援することもなかった。

だから、プーチンとロシアの成功という流れを挫折させたのは彼の功績です。彼が踏ん張ったことがウクライナ人の抵抗につながり、その姿勢が評価されて西側も支援に回る。それでプーチンが苦戦を強いられて……という流れですね。政治家は突然変わるものです。普通の人間が、突然、英雄に変身する。しかるべき歴史の時期で、演じる役割が天から下りてきたら変わるのです。

髙山　さすが役者出身だね。

石平　見事に演じましたね。役者でなければ、抵抗のシンボルを見事に演じることはできなかったかもしれない。彼は歴史から与えられた自分の役割を果たしたんです。

高山　ウクライナは一見、平穏で平和な農産物国家で模範的な国というイメージがありますが、実は汚職と賄賂で有名な国です。治安も悪く、人身売買も横行している。実態はあらゆる悪の巣窟です。覚えている方もいるでしょうが、二〇〇八年に、ウクライナの上空を飛んだマレーシア航空機が撃ち落とされたことがあります。これは、当時からドンバス地方で親ロシア派との紛争が絶えず、そのミサイルが命中したという説が有力です。それを知らない人は、「ウクライナは善良、ロシアが悪」というイメージで単純に見る。これでは正確なことはわからない。

石平　ドンパチの結果、通りかかったマレーシア機だって平気で撃ち落としちゃうんですね。あれは親ロシア派がやったんでしたっけ？

高山　親ロシア派でロシア製のミサイル。そういう場所だということを、我々は認識していなければなりません。つまり、ウクライナ自体が大きな問題を抱えていて、実際にEU加盟の条件が「汚職撲滅」です。それほど汚職だらけの国だった。でもいざこういう事態になると、「どっちが悪で、どっちが正義か」ということで見てしまう。

石平　ひょっとしたらウクライナだけでなく、我々の長い歴史から見た正義、英雄はそういうパターンが多いのかも知れませんよ。とんでもない国がある日突然、正義の国になって、とんでもない人間が英雄になってしまう。先ほど「歴史は人を作る」と言いましたが、ゼレンスキーはまさにそれかもしれない。

髙山　でも、汚職や賄賂の国だろうと、そんなのは些細なことでしかない。世界地図を一変させるような可能性もあるこの戦争を前にして、汚職国家とか、バイデンの懐に金が渡ったとかいう話もあるけれど、そんなことを論じても意味はない。いろいろな雑音はあるけれど、いま何が問題なのか、筋を通してみるべきだよね。そうでないと話がおかしくなってきてしまう。

石平　我々は千年後に歴史書に残るべき事実を目撃してるとも言えます。千年後の歴史書が「二〇二二年二月二十四日」を記す。

西側諸国の「通信簿」

石平　今回のウクライナの戦争で、トルコという国がクローズアップされてきました。黒海の出口を押さえていることで存在価値が高まっている。そのトルコを含めて、ウクライナを支援する国の姿勢をどう見ますか？

髙山　トルコにはエルドアン大統領という、すごい策士がいます。トルコはもともとケマル・パシャ（アタチュルクへの敬称）のときに、イスラム教を捨てた国です。だからオスマン帝国がドイツ側について第一次大戦に参戦したとき、英仏は喜んだ。オスマンを負かせば中東の油はみんなわがものになると計算した。あのとき英国はアラビアのローレンスことトーマス・ローレンスやガートルード・ベルと言った中東学者を投じて中東圏をどう支配するか血道をあげていた。

石平　オスマン帝国は中東の絶対的な支配者でしたからね。

髙山　でも敗戦の結果、オスマントルコは完璧に叩きのめされた。エジプトや中東などの領土を大幅に奪われて、中でもイギリスは一番えげつなくて、良好な土地を全部取っていった。レバノンやシリアといった「不良地域」は、フランスに押し付けた。その結果、フランスは今でもそのお荷物に泣いている。

石平　レバノンのベイルートも、いっときは中東のパリと言われていましたよね。

この戦争でバイデンの評価は下がったかもしれないけれど、イギリスのジョンソン首相の評価は上がった。彼は西側のウクライナ支援と反ロシアの急先鋒、中心人物だったのに、官邸スキャンダルで辞任してしまった。でも、フランス、ドイツが二の足を踏んでるときに、ジョンソンはすぐ支援を送りましたね。あれはどういう思惑なんですか、イギリスは、そこまでロシアと対立していたんですか。

高山　第二次世界大戦以降、イギリスの存在感は薄まるばかりだったね。そこで国際戦略的に存在感を取り戻すために、米中対立に一枚嚙むことにした。去年はクイーンエリザベスという空母を派遣して、世界の大国であることを見せつけようとした。

石平　イギリスはただの島国に甘んじることはない。だからＮＡＴＯの一員では満足しない。どこかでイギリスの存在感を発揮することを狙っているはずです。バイデン政権がフニャフニャしているのに、ウクライナ支援を明確に打ち出すことで、イギリスの比重が格段に高まった。

昔から計算高い国なので、チャンスを狙って、肝心なときに出てくる。今後の国際情勢の中でイギリスの役割と存在感が高まること自体は疑いないはずです。

高山　しかも核も保有している。ポーランドに自国の軍まで派遣しているんですよ。

石平　この戦争で男を上げたのはジョンソンとゼレンスキーとエルドアン。男を下げたのはプーチン。フランスのマクロンもアホな役割になってしまった。

高山　メルケルはいいとこですり抜けましたね。メルケルがやってきた路線のままだったら、ドイツは立ち往生するしかない。ショルツはそれを背負わされて、口だけは意気軒昂ですが、結局、ロシアの天然ガス供給もストップできないし、かといって原発回帰もできないでいる。

石平　フランスの原発から電力を買っているわけでしょ。

髙山　電気はね。でもあれだけで足りるわけはないですよ。

石平　フランスは原発十何基増やすと言っていますが、これはドイツに売るんでしょうね。ロシアがだめになったらフランスは原発の電力が売れるから。ドイツとの均衡はよくなるんじゃないですか。

「日米一辺倒」から「日英」に比重を移せ

石平　ところで日本に目を移すと、「日英同盟締結」なども俎上に上がってきましたね。

髙山　フィンランドとスウェーデンがNATOに参加した意味を、日本はよく考えるべきです。フィンランドはずっとロシアの横暴に耐え難きを耐え、忍び難きを忍んできたけど、もうこんな国とは付き合っていられないと、すべてかなぐり捨てて同盟国を求めた。日本の場合も、アメリカだけで大丈夫なのかという根本に立ち戻ったほうがいい。

石平　日英同盟とか、ＱＵＡＤとか。

髙山　結ぶのならイギリスがいいですね。イギリスの兵器技術は世界最先端にあります。日本の兵器はいま、すべてアメリカから買わされていて、アメリカのいいカモになっている。しかし日英同盟を結べば、「それじゃイギリスから買います」と平気で言えるようになる。そういう選択肢を持つのが大事です。しかも、イギリスの国防省がロシア軍の動向をかなり正確に把握していて、そういう情報技術もイギリスは持っています。

石平　「歴史は繰り返す」で、かつて日本は国家の存亡を賭けてロシアと戦争せざるを得なかった。なんとか乗り越えたられたのは、日英同盟があったからです。

髙山　ロイターというイギリスの通信社はユダヤ資本ですが、そういうところと結んでいないと、日本は情報が得られなかった。日本は情報を持っていないから。今回のサイバー戦争を見ても、日本の情報獲得技術は脆弱すぎます。明治の頃、日本には「お雇い外国人」という智恵がありました。技術を吸収するために、高額な報酬で外国人を招聘した。ただ、唯一失敗したのは外務省です。というのは、外交面のお雇い外国人にアメリカ人を採用したからです。

石平　明治の時代ですね。

髙山　そう。外務省はヘンリー・デニスンを顧問に据えた。明治という時期、よちよち歩きの日本にとって、重要な外交問題が山積しているときに、デニスンに仕切らせたばっかりに日本は道を誤ったのではないかと、僕は考えています。たとえば日清戦争の後の三国干渉でデニスンは「黙って飲め」といった。膨大な犠牲を払ってようやく勝利したのに「黙ってゼロ回答」で、遼東半島はロシアが取ってしまった。その結果は最悪の日露戦争になる。その後も日本は日露戦争で大国ロシアに勝ったのだから、膨大な賠償金や領土の割譲を受けられるものと期待していたのに、デニスンはセオドア・ルーズベルトと組んで一銭の賠償金も寸土《すんど》の土地も得られなかった。

石平　デニスンは、青山墓地に眠っているんですよね。小村寿太郎の隣で。

髙山　麗々しくもね。それでその彼の書き付けがあって、それを幣原喜重郎《しではらきじゅうろう》が見つけた。幣原はデニスンのところに持っていって、「これはポーツマス条約の日米の内幕を書いたものですか」と聞いたら、デニスンはものも言わずひったくって、「こんなものより皆さんの知恵のほうが優っています」と、だるまストーブを開けて燃してしまったという。幣原は自著にそのことを記述しています。要するに、幣原が馬鹿正直にデニスンのところに持って行かなければ、アメリカ人がいかに狭いことを考えてきたかが明らかになったはずなのに。

石平　これ以来、ロシアに対する敵愾心《てきがいしん》が高まって、「臥薪嘗胆《がしんしょうたん》」が日本人の合言葉になった。それにしても、現在の日本外交の幼稚さはお話になりませんね。

髙山　実はこういう問題があったときに、それを助けるのはユダヤ人ネットワークじゃないかと思う。事実、アメリカはユダヤ人の智恵を借りて国家機能を推進している。

ユダヤ人、この場合はアシュケナージを言いますが、その情報ネットワークは確かなものです。情報と言えばロイターにしろAFPにしろ、そのベースはみなユダヤ人です。彼らはデニスンのように忠誠を尽くす祖国がない。その意味で外交下手の日本外務省のお雇い外国人としてはいいところがあると思っています。

逆を言えば日本人は人をだませない民族なので、外交はもともと無理なんです。

石平　人をうまくだます点では中国人は天才的。そこは中国人に学べというところですね。でもそんな中国に対抗するためにも、優秀な人材を集める必要がある。

髙山　中国人の権謀術数というか、プラグマティズムには日本人はとてもついていけない。英雄がいきなり歴史から消えるとか、意図的に歴史を改竄《かいざん》することが正しいという国を相手にしても、日本人にはできない。

石平　逆に、中国人にその歴史をやめろと言ってもやめられない。病みつきになっているから（笑）。

インドを陣営に組み入れた安倍の先見性

髙山　ところで安倍さんが提唱したＱＵＡＤにはインドが加わっていますが、本音をいうと、この国はよくわからない。

石平　インドって民主主義国家なんですよね。でもその一方で厳しいカースト制度も残っている。国会議員も首相も選挙で選ばれるけれど、身分制度と民主主義国って、両立するんでしょうか。

髙山　法的な制度としてはカーストはありません。でも、ヒンズーという宗教と一体化して、暗黙の強制として社会を支配している。でもインドは、宗教と民族を切り離したら、何が何だか訳がわかんなくなってしまう国です。カーストには百何十種あって、誰がどこのカーストか、みんなが知っている。そのための新聞もあって、結婚の相手をどうするかというようなことまで書かれています。

石平　もし間違って、違うカーストと結婚したらどうなるんですか？

髙山　結婚自体がありえない。事前にチェックするので、違うカースト同士の結婚はまずない。こういうことは現地に行ってみないとわからないものです。

昔、ニューデリーに行ったときのことです。当時の東京銀行ニューデリー支店長の社用車を使わせてもらったときのことです。運転手は銀色がかった肌をしていて、きれいな帽子を被って颯爽と運転する。すると道の真ん中の交差点で警官が交通整理しているのに、まったく無視して通る。回りの車は慌てて急ブレーキをかけるし、おまわりも笛を鳴らして注意する。するとくだんの運転手は何を思ったか車を逆進させおまわりのところまで戻り、「なんか文句あるのか」みたいなことを口にした。よく聞き取れなかったけれど警官は最敬礼して頭を下げ、運転手はさっそうと、車を滑らせるように発進していった。あとで聞いたら、運転手は最高位のバラモンで、警官ははるか下のカースト。偉そうに上位のカーストに命令するのは非礼の極みなんだそうだ。カーストは法の上を行く。それがインド社会で、そういうのを民主主義というのかはちょっと疑問がある。

石平　彼らがどの階級の人間なのかと、顔を見ただけでわかるんですかね。

高山　わかるらしい。こちらが日本製の四輪駆動車でインド門の広い四車線通りを走っていたとき赤信号で停まった。そうすると運転手同士がお互いに顔を見合わせて。信号が青になるとカースト順に出ていく。最初はそれがわからなくて、こっちの車が珍しくて見ているのかと思ったけど、大間違い。そういうときカーストを間違えて先に出てしまったりすると追いかけられて怒鳴られて大変なことになるらしい。

石平　へえ、凄まじいですね。

高山　実はそのとき通訳に雇った人がキリスト教徒でした。「え、キリスト教徒なんているの」と尋ねたら、「もともとは不可触賤民、ハリジャンなんですが、それだとカースト上、まともな職にも付けない、それでカーストから逃げる手段としてキリスト教徒に改宗しました」という。でもキリスト教徒になったところで周囲はそういう背景を知っているからまともに相手にされない。この通訳兼ガイドも、あちこちでトラブルに巻き込まれていました。こんな具合ですから、なまじのことでは、あの国からカースト制度がなくなるとは思えません。

でも、インドはものすごい潜在力を秘めていることは間違いない。

石平　あれだけパワフルでポテンシャルの高い国が日本の味方になってくれる。しかも中国のすぐ南にいて、インド洋を抑えている。「自由で開かれたインド太平洋」の実現に向け、ワクチン、インフラ、気候変動、最新技術などの幅広い分野で、インドの果たす役割は大きいと思います。だからＱＵＡＤは魅力的なんだと、私は考えています。

第4章

ウクライナ戦争を利用する習近平の「次の戦略」

習近平のゴーサインでプーチンは踏み切った

髙山　さて、今回のウクライナの戦争について、中国政府や習近平は何を考えたのか、石平さん、教えてくれますか？

石平　習近平政権は、最初からプーチンのウクライナ侵攻を支持していた。ウクライナ侵攻の序曲は二月四日の北京冬季オリンピック開幕式から始まっていたと思います。開幕式を盛り上げるため、習近平は面子をかけて各国の指導者に招待状を出した。しかし西側首脳は軒並みボイコット、世界の主要国の中で開幕式に参加した影響力のある国の元首はプーチンだけでした。

髙山　ボイコットの理由は、ウイグルにおける人権問題だったよね。

石平　そうです。アメリカもイギリスも日本も、漢民族によるウイグル族のジェノサイドは深刻な問題だと捉えたからです。ウイグルでは、ウイグル人の亭主を監獄に閉じ込めて監視し、漢民族の男が留守家庭に入り込んで妻をレイプし、子種を設けるなど、とんでもないことをやっている。略奪、暴行は日常茶飯事。これに関しては国連の報告も上がってきている。「こんなにひどいことまで」というのは、楊海英さんの本を読めば実態がわかります。

髙山　そうですね。毛沢東が内モンゴルを侵略すると男は殺し、女は「壊した」ことが、楊海英さんの『墓標なき草原』に書かれています。「女に荒縄を跨らせて性器を破壊した」とか「妊婦の子宮に手を突っ込んで胎児を引き出した」と。民族を滅ぼすには女性が子どもを産めなくすればよいのです。

石平　話を戻しますが、北京オリンピックでボイコットを宣伝はしなかったけど、西側首脳は行かなかった。実は、二〇〇八年の夏の北京オリンピックのときは、開幕式にアメリカ大統領もフランス大統領も日本の首相も行ったんですよ。それなのに今回は誰も出席しない。習近平の面子は丸つぶれです。そこで唯一、習近平の面子を立てて行ったのがプーチン。もちろんプーチンはすでにウクライナ戦争を計画していたので、習近平の支持や支援を求めたのでしょう。プーチンと習近平の思惑が一致して、そこで首脳会談を行った。ひょっとしたら、そこで密約を交わしたかもしれません。あの首脳会談での共同声明は、中国はもう一歩進んで、プーチンの戦争の後押しを決意したと解釈できます。「NATOの拡大反対」というロシアの立場を、中国側が理解すると表明した。理解するだけではなく、共鳴し、さらに支持するということです。

そしてこの共同声明の結果、中国はロシアからの天然ガス輸入量を、今後数年間大幅に増やすことも約束したと言います。ウクライナ開戦の前には、ドイツもアメリカも、ロシアが戦争を開始したら「もう天然ガスは買わない」というカードを突きつけ、それでなんとかプーチンを食い止めようとしたけれど、中国が天然ガスの輸入量を大幅に増やすのなら、西側の一枚のカードが無力化されてしまいます。

実際、プーチンの戦争を後押ししたこの共同声明が、どういう表現になっているかというと、「両国首脳が今後の中露関係については、無上限の関係に持っていく」という表現です。「無上限」とは制限がないということ。いわば「立ち入り禁止区域のない関係」に持っていくという、そういう表現を使っています。それは要するに「何でもやる」「どこでも行く」という、ある種の軍事同盟のような意味合いも含まれています。

髙山　そこでプーチンは意を強くして、最終的にウクライナ侵攻を決断したのかな？

石平　その可能性は充分にあります。それでプーチンはロシアに帰って戦争準備に取りかかり、習近平の面子を立てて、北京五輪の閉幕を待って戦争に踏み切った。北京五輪が閉幕したのは二月二十一日で、ウクライナ侵攻が二十四日。要するに、ある時点で二人は持ちつ持たれつ、お互いに配慮し合う関係でしたから。

そしてプーチンが戦争に踏み切った当日、中国の王毅外相がロシアのラブロフ外相に電話をかけて、「中国側はロシアの安全保障に対する懸念を理解する」と語る。戦争を開始した当日に、ロシアの安全保障に対する懸念を理解するということは、要するに、完全にロシア側に立ったということの表明です。さらにその日に中国はまた、ロシアからの小麦の輸入を全面的に解禁すると、わざとこの日を選んで発表するんです。つまり経済的にもプーチンの戦争をサポートするということです。

欧米の抵抗に立ち往生した習近平

髙山　でもその後、ロシアは予想外の苦戦を強いられていますね。中国国内でも少し風向きが変わってきたような印象がありますが。

石平　確かに、プーチンの戦争が思惑通りに行かず、西側がロシアに経済制裁を加えたことで、中国内部からもプーチン一辺倒に対する反対意見が噴出し、徐々に軌道修正をしてきました。それ以降、公然とロシアを支援することができなくなりました。いまのところ、さすがにロシアに対する軍事支援はできない。しかしそれでも中国はロシアからの石油輸入を大幅に増やしています。最近の五カ国連携会議、ブラジル、ロシア、中国、インド、南アフリカのBRICSでも、習近平はプーチンと阿吽《あうん》の呼吸で結束し、西側に対抗しようとするほか、日本に対する軍事的恫喝を始めています。

高山　西側の一時的制裁を恐れて全面的には支援できないけれど、習近平の意向はプーチン・ロシアと手を組むという基本方針は変わってないということですね。

石平　歴史にはifはありませんが、中国のロシアに対するサポートがなかったら、プーチンが果たして戦争に踏み切れたかどうかは疑問です。

高山　でも中国はこの西側の開会式ボイコットを、深刻に受け止めているのだろうか。

石平　中国はこれでウイグル問題の深刻さに気づいたといっていい。まずい立場に立たされていることはわかったけれど、かといって指導者は、自分たちが悪いとは思っていない。

実はこの新疆のジェノサイドの直接指揮を取ったのは陳全国という幹部で、数カ月前まで新疆共産党の事実上のトップでした。以前にはチベットの共産党書記をつとめたことがあり、チベットの鎮圧を成功させたことで習近平のおめがねにかない、新疆をまかされた人物です。

ウイグル人には強権的な姿勢で接し、後日流出した内部文書では「強制収容所に入れられたウイグル人が逃げ出したらただちに射殺せよ」という指示まで出しています。まさに、チベット人、ウイグル人の血で彼の手は真っ赤に染まっていると言って過言でない。彼こそ習近平にとっての功労者なので、この手柄でさらに昇進するはずでした。

しかし突然、中国共産党政権は彼を共産党の職から解任してしまった。「失脚」とまでは言えないようですが、突然、新疆から姿を消してしまった。新疆暴動鎮圧の功労者なので、中央に栄転して要職に就くという噂でしたが、栄転どころか、農村工作指導機構というところの副主任になったことが、最近わかってきました。

髙山　左遷なんですか？

石平　左遷どころか信じられないほどの降格。新疆の書記は一国一城の主人《あるじ》同然で、地域を支配する立場。それに比べ、農村工作指導機構は、あってもなくてもいい機構。そこに追いやられたのでは、もう復活はあり得ない。おそらく党内にかなり大きな反発や圧力があって、「こいつを昇進させたらアメリカからの制裁がさらに厳しくなる」という空気が出てきたせいでしょう。

それを裏付けるように、この六月二十一日にアメリカで「ウイグル強制労働禁止法」が施行されました。アメリカ大統領がこれに署名したのは半年前ですが、署名した翌日に陳全国が職を解任されてしまったのです。

ただし中国共産党は、決して新疆ウイグルの施策を悪いとは思っていない。「アメリカの経済制裁を招いたのはまずい」という認識だけです。つまり、国際社会がそれほど厳しくこの問題を見ているということを知ってはいます。でも、だからといってウイグル人を強制収容所に送る政策をやめることはない。

髙山　頭の上を風が通り過ぎるのを待とうとしているのかな。

石平　いまはことの外《ほか》、風当たりが強いですからね。こんなトカゲのしっぽ切りは、中国共産党がよく使う手です。陳という人物を切り捨てれば、これで一件落着だと。習近平を守るために、しばらく様子をみようと。

世界は「中国か、アメリカか」の選択を迫られている

髙山　ウイグル強制労働法っていうのは、労働禁止法でしょう。

石平　強制労働禁止法ですね。今後、アメリカに輸入される中国製品は、外国企業が作っ

たものも全部含めて、その商品が強制労働によるものでないことを証明しなければならない。しかもこの法律のすごいところは、アメリカ側がチェックして強制労働があるかどうかを調べるのではなく、輸出する中国メーカーが証明しなければならないこと。現実には、輸出する側が証明することなんてほとんど不可能。つまり、誰も証明できないので、結果的に止められてしまう。

高山　新疆綿を使っているとされるユニクロも該当するよね。

石平　中国の綿の七〇％以上は新疆綿です。新疆綿を使わない中国のアパレルはあり得ない。

高山　じゃあ、もうアウトじゃない。ユニクロではなく、H&Mでしたか、ユニクロと同じような規模の世界企業が、新疆綿使用中止を発表しましたね。

石平　もう「究極の選択」をするしかない。中国の反発を考慮して中国市場を大事にしたら、今度はアメリカ市場を失ってしまいますからね。

高山　どちらをとるか、悩ましいところですね。だけどもう新疆綿が使えないとしたら、ビジネス的に大きな損失につながってしまうのでは。これはアパレルメーカーだけの問題にとどまらないかもしれない。

石平　膨大な損失をもたらしてしまう。中国経済はアパレル産業が輸出に占める割合が大きく、日本のスーパーでもアメリカでも、メイド・イン・チャイナばかり。

髙山　例えば、原料をいったん東南アジアなどよその国に卸して、そこで製品に仕上げたものでも、やはりこれが適用されるわけ？

石平　東南アジアのメーカーでも、アメリカにアパレルを輸出する場合は、「中国の新疆綿を使っていない」ことを証明しなければなりません。中国メーカーに限らず、中国国内で生産する外国企業でも、アメリカ輸出に際しては、この適用を受けます。これは特にアパレル関係が顕著で、別の業種、例えば電気製品とかにはあまり関係がないようですね。

髙山　結局、アメリカを貿易相手国にしている限り、アメリカのその法律に準拠しないと割りを食ってしまうということですね。それにしても、新疆コットンは、幅広く使われてるよね。

石平　そうそう。ほとんど強制労働の代名詞になっている。

髙山　テスラが新疆で工場を持ってるじゃないですか。あれは大丈夫なのかな？

石平　あれも証明しなければならないはずです。

「アメリカが悪い、プーチンは被害者」と強弁する中国

高山　そういったウイグルの問題もあるけど、習近平はプーチンに会ったとき、ウクライナ侵攻を知ったと思うが、アメリカや西側からの大反発も痛手ですよね。そこまで見切ってロシアを選んだのかな、天秤にかけて。

石平　いや、おそらく習近平たちも、西側があれほど反発するのは予想外だったんじゃないでしょうか。

高山　前に述べたけど、クリミア侵攻では西側はほとんど抵抗しなかったからね。

石平　おそらくプーチンと同様に、ゼレンスキーがとっとと逃げ出すと踏んでいたんでしょう。すると早い段階で終わるだろうから、習近平は自分たちに何のリスクもないと考えたと思います。でもその後は、もう習近平やプーチンの予測をはるかに超えていた。「しまった」と思っても後の祭り。ただ習近平としては、手を組んでしまったプーチンを完全に孤立させるわけにはいかないし、逆に全面支援して西側の反発を食らうのも怖い。

高山　北朝鮮は簡単明瞭な国で、西側の制裁がこれ以上増えても大きな違いはないから、

ずっとプーチン支持を表明している。

石平　でも中国は一歩間違うと、プーチンからも信用を失う。だから一方的にアメリカを非難しています。「人民日報」に「鐘声」という署名の論説記事があって、これは中国共産党宣伝部の執筆によるものです。「鐘の声」というよりまさに「党の声」で、国内のすべてのメディアが従わなければならない報道の基調になっています。それはこういう論調です。「アメリカは最初からロシアを潰して欧州全体を支配下に置くために今回の戦争を計画し、さまざまな陰謀をめぐらせてロシアを戦争せざるを得ない状況に追い込み、汚い手を使ってプーチン大統領を戦争に誘導した。そして戦争が始まって以来、アメリカはウクライナに援助することによって意図的に拡大させて長引かせ、それに乗じて火事場泥棒よろしく、自国の軍事産業に利益をもたらし、欧州には天然ガスなどの資源エネルギーを売りつけている」

要するに、アメリカとNATOがプーチンを挑発し、ロシアを軍事行動に踏み切らせた。ロシアの行動は決して侵略ではなく、むしろ自衛行為で、決して悪くないというのです。

髙山　なるほど、いかにも中国が言いそうなことだ。国際社会はハナから信用しないけど、中国国民は正しい情報から遮断されているから、素直に信じてしまうかもしれない。

石平　ウクライナについても「この国はアメリカの謀略の駒にされて戦争に駆り立てられている哀れな存在」だし、EUは「アメリカの覇権戦略に翻弄されて、その支配下に組み込まれていく愚か者である」と、強い口調で避難しているのです。

髙山　中国らしい誇大妄想的な陰謀論ですね。先ほど「ディープスロート」の話をしましたが、いまのアメリカに、本当にそんな巨大な陰謀を張り巡らせる力があるかねえ……。

ネット上に溢れるプーチン賛美は習近平への不満の表れ

石平　一方的に自分たちの主張を展開しているだけなんですが、それは中国共産党がよく使うプロパガンダの一種。しかしこの影響で中国のネット上には圧倒的にプーチン賛美の声が溢れ、反対に「ウクライナけしからん」という非難の大合唱。私ですらショックを受けました。

いくつか紹介しましょう。プーチンが侵略戦争を開始したのは二月二十四日ですが、そこで中国のネットユーザーがどういう声をあげたかというと、「よかったよかった」「我慢に我慢を重ねてプーチンが、我々のプーチンが立ち上がった」「痛快だ、楽しみだ。浴びるように飲もうか」

高山　なるほど、みんなプーチンがすぐに勝利すると思っていたんでしょうね。

石平　「さすがはプーチン、有言実行だ。いまウクライナの連中もＮＡＴＯもアメリカも震え上がっているだろう」「ロシアは必ず勝つ。正義が邪悪に勝つのだ」

高山　プーチンのロシアが正義であるとはとても思えないけど。

石平　「ははは、いよいよ始まったのか。ウクライナの大馬鹿、我らのプーチンに逆らったらこうなるのだ。プーチン万歳、ロシア万歳」「ウクライナと欧米ざまあみろ。邪悪の欧米とその番犬のウクライナに、英雄プーチンが果敢に立ち向かった」「プーチンを応援しよう。ロシアを応援しよう」「我らの戦う男神プーチンの完勝を心から祈ろう」「世界一の英雄のプーチンが手を出した以上、ウクライナなんかはあっという間に制圧されるだろう。いずれプーチンが欧州を支配し、我らがアジアを支配するんだ。だからプーチンと一緒にやろうじゃないか」……。

　ここでわかったのは、いじめられているウクライナに対する同情心がまったくないこと。誰から見てもロシアとウクライナはサイズが違う。大の男と赤ちゃんが喧嘩するようなものです。しかしいっさい同情しない。「強い者が偉い」というのが中国人の思考の根底にあります。

もう一つが「侵略は正しい」というもの。彼らの正義と邪悪の観念が、いまの世界と正反対なんです。それがまずプーチン擁護、そして猛烈な賛美につながっていく。プーチンは現代の英雄であり、強い意志を持つすばらしい指導者だという賛美です。

高山　旧ソ連解体後、ロシアは大混乱に陥って三流国家に転落したが、プーチンの出現によって救われた、というところですか。

石平　彼が二十年間苦労した結果、ロシアは世界大国の栄光を取り戻したという意見もあります。「プーチンのような強い人の出現はロシアの幸い」とかね。「彼は中国人民の朋友、我々は心強い」。「向前看」というアカウントのネットユーザーの声はもっとすごい。

「プーチンは尊敬すべき強い人。鉄のような強い意志、切れる頭脳の持ち主だ。スポーツ万能であるだけでなく、戦闘機も戦車も大砲も自由自在に操作でき、敵をやっつける。対外戦争では連戦連勝、まるでロシア民族の戦う神様、ああプーチンは素晴らしい。指導者として堅忍不抜、高貴にして闊達、ロシアの栄光を取り戻すために、彼はあらゆる敵に立ち向かって、邪魔者を粉砕していく。このやり方は痛快で、まるで落ち葉を揺する烈風のごとし。このような男を尊敬せずにいられるか、このような指導者を崇拝せずにいられるのか……」

高山　う〜ん、聞きしに勝るね。

石平　「安木浴晴」という女性ネットユーザーは自身のウェイボーで、「七十歳に近いプーチンがどうして中国の若い女性の心を虜にしているか」と書いています。「鉄のような強い意思と優しい心の両方を持ち合わせ、まさに女性にとって白馬の王子様」だそうです。そして彼女は「嫁ぐならプーチンに嫁ぎたい」と、六十九歳のロシア人に熱烈なラブコールを送っているのです。

この声につられるように「氷山蓮花」という女性は、こうウェイボーで書いています。「プーチンは多くの中国人にとって憧れの英雄。私の周りの多くの少女たちもプーチンのことが大好き。彼のことを崇拝しています。最近のロシア戦争では、私たち全員がプーチンのことが心配で、プーチンのために祈って、プーチンに精一杯の声援を送っています」

これらはもちろん、中国人全員の意見ではないでしょう。でも、一般庶民の心情がよく表れています。中国人は、我々のような世界の正義とか公正などという感覚はまったく持ち合わせていない。強いものが弱いものをいじめるのは当然で、弱いものが反抗したら馬鹿だという観念です。強いものに憧れて、強いものはどんなことやっても許されるというもの。
こうした言葉を見ていて、私はいまの中国人の心理を読み取りました。ここまでのプーチン賛美は、自分たちの指導者・習近平に対する不満の裏返しではないかと。つまり習近平は、「まだプーチンのような強い人になっていないじゃないか」ということ。習近平にもプーチンのように「あらゆる敵と果敢に戦って、落ち葉をゆする烈風のごとき人になってほしい」という願い。とても危険だと感じます。

髙山　習近平へのそういう物足りない思いが市民の中にあるというほうに少し驚きを感じます。国民のそういう狂気が、指導者を戦争に駆り立ててしまうことにもなりかねない。

石平　私は中国で生まれて、中国の民主化のために努力してきたつもり。それは、この国がよくなると信じていたからです。でもこんな投稿を目にしたら、もう絶望するほかない。共産党政権だけの問題ではなく、中国国民の大半も病んでいる、異常な精神状態に陥っているとしか思えません。

指導部も国民も〝狂気〟に支配されている

高山　あらゆる手段を使ってプロパガンダを流すのは、中国政府が過去に何度もやってきたことでしょ。それを割り引いても、常軌を逸しているレベルかな？

高山　恐ろしいほどの熱狂ぶりです。もちろん、いまは中国人でも多少のプロパガンダが加味されていることは承知のうえです。その気になれば多角的な情報を手に入れるのは不可能ではない。それでもやはりこんな精神状態に向かうのは、この民族、国民全体が、かつてないほどの危険な方向に向かっていることの証左ですね。

高山　結構、フラストレーションを溜め込んでいるんだ。

石平　そうです。プーチンは彼らからすれば、長年溜まった鬱憤を吐き出すためのシンボル。すると、もし習近平が台湾や尖閣諸島に手出しをしたとき、中国がどれほどの狂気に包まれるか。空恐ろしい気がします。いままで私は、中国の指導部が狂気に取り憑《つ》かれているのだと考えてきましたが、そうではなく、大半の中国人の思考の軸がすでに狂っているような。

髙山　ウクライナ政府が流すウクライナの現状報道は、中国国内に流れているのかな？

石平　ほとんど流れていない。ロシアの情報そのままです。それも国民の狂気を煽り立てる理由の一つ。でもそれだけではない。開戦当日からこの熱狂ぶりですから、やはりいまの中国人そのものがおかしいとしか思えない。

髙山　やはり西側へのフラストレーションというか、本当に中国民衆は、西側が中国をいじめているという感覚を持っているのかな。

石平　それもあります。プーチンが中国の代わりに西側をやっつけてくれたというカタルシス。でもそれ以上に、強いものが弱いものをいじめるのは、彼らにとって拍手喝采すべきこと。ロシア人にとっての「タタールの軛《くびき》」と同じで、中国にも劣等感があるからです。

髙山　いまは、習近平がロシアを援助して膠着状態を支えている。だけど、それほど中国市民が燃え上がっているという報道は、日本ではほとんどされないね。

石平　中国共産党政権も、このままではまずいと思っているかもしれない。加熱しすぎるとろくなことにならないから。ただ徐々にウクライナ側の情報も流すことにしてきて、ロシア軍による虐殺も多少報道されるようになっています。それでも、主流派の声のほうが大きい。

髙山　開戦当初はそうだろうが、短期決戦のはずが長期化して、ロシア軍が大苦戦している、被害が出ているという情報は、伝えられているんですか。

石平　現金なもので、それが流れた途端、ネットユーザーは一斉に引いちゃった。もう万歳と叫べなくなってしまったので、話題を避けるようになってしまったんです。プーチンの失敗は不本意なので、聞きたくない話を避けようとする心理が働くんでしょうね。

髙山　鬱積しているんだね。

石平　でも、もともと中国人はプーチンが大好きで、根強いプーチン崇拝意識があり、それと欧米に対する鬱憤がミックスして、いまの空気につながっている。しかし不思議なのは、中国人はウクライナに対して好感情を持っていて、軍事技術でも支援されてきたのに、いざとなると「ウクライナが悪い」と一方的に指弾し、同情心のかけらも見せない。逆に、ウクライナを悪にしてしまう、その心理です。日本国憲法では「諸国民の公正と信義に信頼して」を謳っていますが、中国には「公正」や「信義」などという概念が存在しないんです。

「弱いものいじめは当然」

石平　つまり、強いものが弱いものをいじめるのは当然という中国人の意識が加熱して沸騰した。こういう感情は、もともと中国民族が根本的に持っているものと私は考えていますが、髙山さんはどう思いますか？

髙山　それを解くヒントは朝鮮人の儒学者、林白湖《りんはくこ》にあるかもしれない。一五九〇年ぐらいに没した人なのですが、この人物が面白い。彼は「四夷八蛮が入れ替わりで長城を超えて中原に入り、王朝を建てた。しかし我が朝鮮は一度も中原に入って王朝を建てていない」ことを嘆きます。

石平　朝鮮は「華夷秩序」のナンバー2なのに、もっと下位の蛮族に先を越され、王朝は中原に覇を唱えたことがない……。どうして天下に覇を唱えられないのかということですね。

髙山　そうです。「朝鮮より下位の蛮族が次々王朝を立てているのに、朝鮮はいつも指をくわえてそこに朝貢に行き、新王朝を建てた夷狄《いてき》に冊封を乞い、朝鮮半島の支配を認めてもらいに行くだけ。こんな惨めな国に長生きしたくない」と嘆いて死んでいく。

石平　自分の祖国朝鮮という国が情けないなんて鬱屈した感情は、中国という祖国に絶望した私と、どこか似ている気がします。もちろん、向かう方向は正反対ですけどね。

髙山　彼の没後すぐに秀吉の朝鮮征伐が始まるのですが、彼がもう少し長生きしていたら、あれだけ馬鹿にした日本に祖国が踏みにじられる姿を見られたのに……そうしたらきっと狂い死んだかもしれない。ただ、これを漢族が読んだらどう思うか。そのときに、石平さんの著書にその話があるのを思い出しました。

石平　異民族がみんな中国を支配してきたという趣旨ですか？

髙山　そうそう。すると、改めて林白湖の思いを中国人に仮託することができる。中国の中原は漢民族の土地だから、自分たちが統治するのが当然なのに、統治者は常に外からやってきて、漢民族は外来民族の奴隷にされてきた。北狄《ほくてき》が来て殷を建て、次いで西戎《せいじゅう》が来て周を建てた。そして春秋戦国時代、東夷《とうい》の秦の始皇帝の時代と王朝の歴史が続きますが、やっと漢の時代になって漢民族は中原を制して待望の王朝を建てられた。それが誇らしくて王朝名の漢を取って漢民族と自らを称したと理解しています。しかし漢の前に殷も周も秦もある。異民族支配がずっと続いたと思われるのが悔しいから、実は殷の前に「夏」という漢民族の王朝があったことにした。

それで中国四千年の歴史は漢民族の「夏」に始まった、異民族も来たけれど中華民族のすべての始まりは夏王朝だという言い方をする。それで日本人の知らない「華夏」みたいな言い方もしている。

石平　特に中国最初の統一王朝である秦の始皇帝からの独裁の歴史は、まさに殺戮と略奪の歴史。どうやってそういう事実から目をそらすかと言うと、「夏、殷、周の三代王朝の美化」。さらに理想的な帝王として舜《しゅん》や堯《ぎょう》。秦の始皇帝以前の三代の政治が素晴らしい政治で、王様がみんな素晴らしい。周の文王も含めて聖人聖王の世界を作り出した。それが中国人の心の拠《よ》り所。それ以来、中国の歴史ではどこまで下っても、素晴らしいのは昔の三代王朝ということになります。

中華思想はコンプレックスの裏返し

石平　とするとそこで、「コンプレックス」というキーワードが浮かんでくるのです。あらゆる文化の大元は私たちにあるという、典型的な中華思想も、コンプレックスの裏返しですよ。

髙山　彼らの理屈で言えば、国の始まりは夏でなければならないのに、実際の歴史は殷から始まっている。漢民族は漢の時代になってやっと自分たちの王朝を立てられたのですが、またその後も次々に異民族に支配され続けます。

つまり「中国四千年の歴史」と唱えたところで、所詮「シナ大陸四千年の歴史」でしかない。漢民族の統一王朝は漢と明しかないんです。つまり中国四千年のうちほんの何百年しか、漢民族の天下はなかった。つまり歴史の大半を自分の国にいながら外来民族の奴隷として過ごしてきた。

林白湖がその現実を見たら、「俺たち朝鮮人はまだちゃんと朝鮮半島という土地を持っていて朝鮮の王さまを立てている。それに比べ、漢民族は自分の国もほとんど持てなかったのか……」という気持ちになるでしょうね。あるいは、林白湖が漢民族だったら、朝鮮人以上に嘆き悲しんだかもしれない。漢民族の心の中には、この林白湖が持つ悲哀のような感情が巣食っているような気がする。

石平　ロシア民族が奴隷民族だったように、漢民族も、歴史の大部分を奴隷として過ごしてきた。四千年通して天下に覇を唱えていたわけではないですものね。

髙山　日本の場合、天皇が国を統《す》べるに当たって、形態や伝統を積み重ねてきています。しかし漢民族では、夷狄がやってこないときにしか自分の国が持てない。夷狄が万里の長城を越えてこないときに、あたりの様子をうかがって国をつくったというのが漢民族の王朝の形でしょう。

でも王朝を建てても、どうやって国を統べるかが分からない。奴隷根性が根底にあるから猜疑心が強く、人を疑うことしかできないのに、物欲だけは強い。統治に当たっても、そんな悲しい性《さが》だけが前面に出る。だから漢民族の統治下では、哀れになるほどの弑逆《しいぎゃく》が続く。子が親を殺すような悲惨な歴史が、漢の王朝の中で当たり前になっているんです。

明王朝も同様です。産経の北京支局長だった山本秀也さんが『本当の中国を知っていますか？』(草思社)で、明王朝について記述しています。それによると、明王朝はいまの習近平の時代によく似ているといいます。明王朝は、目を覆いたくなるような暴力と残虐さによる統治の歴史だそうで、それは統治し慣れてないからだと、僕は思うな。

石平　漢民族が〝夷狄〟と呼ぶ外来民族のほうが、よほど「統治」ということをよく知っているということですね。

髙山　そうです。清王朝だって、つまり満洲族の王朝がすごいのは、まず最初に漢民族の風習を改めることから始めた。日本でもご存じの方が多い弁髪が強制されました。漢民族は髪の毛を切らないのですが、満洲人は頭の上の部分の髪を剃って、後ろに弁髪を一本残す。漢民族からすればとても野蛮な習慣なのですが、満洲族に「髪の毛を切るか、首を切られるか」を迫られると、漢民族が一斉に受け入れた。それ以来、コンプレックスの塊になってしまった。

清朝が半ば強制にしろ、風俗、習俗に至るまで改めさせたというのは、なかなかできない。彼らは統治とはどういうことかをよくわかっていたから、それを断行した。

石平　私も漢民族の出身ですが、この民族の歴史は、まさに「コンプレックスとどう闘うか」の歴史。どうやって克服するかに、散々悩まされてきた。

というのは、漢民族は常に外の強い民族に囲まれて生きてきたから。周辺の騎馬民族は強く、漢民族は戦下手。だから先ほど話したように、これが中国人がロシア人を崇拝する理由です。中国人からすれば、ロシア人はよく戦った。ナポレオンもヒトラーも撃退した。あれほどプーチンを崇拝するのは、彼が「戦う神様」だからです。逆に、彼に託して自分たちのコンプレックスを払拭しようとするのです。

コンプレックスが創作した「中華民族」

高山　実はトルコの建国の父と呼ばれるケマル・パシャが、第一次世界大戦に負けて崩壊したオスマン帝国を引き継いだとき、国家を近代化させるために、イスラムの衣装や帽子を禁止しました。トルコ人は優れた民族だから、チャドルや頑迷なイスラムの風習を意外に簡単に捨てられたのですが、中国というのは因習の塊みたいなところですから、着ているものを変えろ、伸ばし放題の髪の毛や髭を切れといっても猛烈な抵抗に遭う。昔は中国の春節、つまり正月は床屋は全部閉店だったそうです。髪を切ったりするのはいけないことだから、髪の毛は全部伸ばしっぱなしなんですね。

石平　父母からもらったものだから、大切にしなければならないという思想ですね。

高山　そうなんですか。理由は知りませんでしたが、そういう国で、清朝の康熙帝や乾隆帝が、髪を切らせて弁髪に変えさせて、服も変えさせた。

石平　中国人のコンプレックスの背景には、常に周辺民族に蹂躙されてきたという歴史があります。強い民族にいつも囲まれていて、常に歯が立たないでいる。ではどうすればいいか、信じられないほどの屈辱に耐えるしかない。

漢王朝の創始者・劉邦《りゅうほう》（高祖）の死後、彼の配偶者の呂后《りょこう》が権力を握ったら、匈奴《きょうど》の王・単于《ぜんう》から「こっちに来てわしと夜をともにしろ」と国書が届いた。

高山　呂后は評判の絶世の美女だったとか。

石平　しかし呂后は怒るわけにいかない。漢の基礎はまだ定まってないから、いま匈奴と戦をするわけにはいきません。そこで「私はもう年を取り過ぎまして、あなた様の相手にはなれません。その代わりに美女を五十人献納します」と返事を出す。

高山　呂后は、戚《せき》夫人の手足をばらばらに切った人物ですよね。高祖の愛妾・戚夫人の手足を切り、目をえぐって耳を焼き、厠《かわや》に入れて「人彘《じんてい》」（豚の意）とあざけった。そんな残酷なことをするくらいなら、戚夫人を匈奴に出せばよかったのにと思いますが。

石平　想像ですが、呂后には戚夫人への嫉妬心があったので、かえって差し出したくなかったのかもしれない。彼女が単于に気に入られたら厄介だし。ともあれ、美女を献納することで乗り越えた。周辺民族が中国皇帝に朝貢するのと真逆の構図ですね。同じことは宋の時代にもあります。南宋も北宋も実質上、北の民族である金や女真族に朝貢して平和を約束してもらっていたんです。北宋が北の民族と交わした約束は毎年、絹二十五万疋《ひき》。銀二十五万両。南宋になるとさらに増やされました。

高山　異民族にへりくだることで、王朝の命脈を保とうとしたんですね。

石平　では、そのコンプレックスをどうやって克服するかというと、漢の武帝の時代には儒教を利用して「中国の皇帝は天から遣わされた子である」という伝説を生み出した。

この思想を強めたのが朱子学だと思います。朱子学はまさに異民族を拝跪《はいき》しなければならない劣等感を克服するための学問で、世界が二元化されているという論理に基づいています。文明の頂点である中国世界と、野蛮な周辺の世界。明朝の時代には、朱子学は正式に国家のイデロギーになった。しかし清朝に統治されると、この言い訳は通用しなくなる。清朝には服従する以外にないのです。

高山　プライドを捨てざるを得なかったんだね。

石平　そうです。その後、辛亥《しんがい》革命で孫文が清朝を倒したところで、初めて「中華民族」と称するのです。これが究極のコンプレックスの克服方法。

この「中華民族」という概念が巧妙なのは、満洲族に二百年以上支配されたけれど、「いや、実は彼らも中華民族なので、我々が異民族に支配されたというわけじゃない」という論理だからです。最初から我々はいっしょの中華民族だ、というわけです。

髙山　中華民族という概念でそこまで括《くく》る。なるほど中華思想は、そういうコンプレックスを言葉巧みに言い訳する思想なんですね。「蛮族どもは力が強いだけで、脳みそは空っぽなんだ。だから国家の名前もない」という言い方をして、「徳や学は我々のもので、世界の中心だ」と叫ぶけれど、それは空威張りというもの。名を名乗るほどでもない国に散々蹂躙されてきたことは、中国の歴史が証明しています。夷狄が来ては国を建て、次の夷狄がまた国を建て、その間ずっと被支配者、奴隷だった……この歴史の繰り返しでは、コンプレックスが生まれても仕方がない。

石平　怖いお兄さんにずっと殴られていても、あのお兄さんは実はうちの兄弟、親戚で仲が良い人だというのと同じようなものです。

髙山　少し昔になりますが、昭和史研究家の中村粲《あきら》さんといっしょに南京を訪ねた時に通訳のボスみたいな男が出てきた。それで中村さんが「中国人は異民族に支配されたが、その都度、殷では青銅器文化を、周では鉄器文化など彼らの持ついい文化に巡り会えた」と文化論を話しました。そしたら彼は「そういう過去はあるけれど、今を見てください。過去に多くの異民族がやってきて支配したけれど、今を見てください。匈奴にしろ、満洲族にしろモンゴル族にしろ、かつての支配民族はすべて我々が溶かし込んだじゃないですか……」。つまり征服吸収してみな「中華民族」にした、彼らの文化もいまや中華文化だ、というわけです。

ジンギス汗「ワシがいつ中華民族になったんだ？」

高山　でも一つだけ、溶かし込めない国がある。それが日本なんです。第二次大戦のときでも、国民党政府が重慶に逃れても、海岸沿いを日本が占領していて、上海では李香蘭が公演をやってものすごい人が入っている。爆撃も来ないし、日本の統治はうまくいっていた。狼牙山事件というのも起きた。山間の山村に、八路軍（パーロー）の五人組が来て略奪や暴行を繰り返す。たまりかねて、村民が日本軍に頼み込んだ。要請を受けて日本軍が出動したら、兵士のうち三人が崖から飛び降りて死んだ。しかし、この兵士たちは日本軍と戦った「狼牙山の五勇士」ということになって、記念館ができた。すると村の古老が「これはまったく逆だ」と異議を唱えて、それを聞いた人がインターネットに投稿をしたんですが、結局、投稿者は裁判にかけられてしまった。

石平　逃げた人間が「五勇士」となって、命を国のために捧げたという美談にされたんですね。

髙山 それは嘘だと、裁判で証言したという話です。インターネットには、古老から聞いた人がアップした。それで捕まって裁判になった。あの頃はまだこんな事件も報道される時代で、日本でもニュースになりました。

石平 どうして大きな問題になったかというと、中国共産党はほとんどが匪賊。殺戮を繰り返して天下を取った連中。そのコンプレックスがあって、自分たちは偉いと証明するために、自分たちは日本軍と戦ったという神話をでっち上げた。日本軍があんな山賊と戦うことはそんなにない。

要するに、「中華民族」という概念を発明して、清朝、満洲人による何百年もの支配はすべて「中華民族」で一括りにしてしまった。さらにジンギス汗まで中華民族に組み込んだ。これによって、モンゴル人による南宋の侵略が正当化されたので、南宋の屈辱は晴らされた。しかも、西洋に対するコンプレックスも克服できた。我ら「中華民族」はウィーンにまで迫ったじゃないか。ユーラシアの半分以上を征服したと……。

この中華民族という概念は、これほどすごい。この概念の発明によって、中国人は二千年に渡る恨みをすべて晴らした。ジンギス汗からすれば、「オレがいつ中華民族になったのか」と怒るはずです。

髙山　ジンギス汗の絵を踏んだっていうだけで有罪になったというニュースもあった。あれもモンゴルは溶かし込んでいまは中華民族の偉人だからということになるのだろう。

石平　漢民族は、そういう装置の発明が上手です。それで自分たちの恨みもコンプレックスも克服して幸せに暮らせる。ということは、いまの現実がどれほどひどくても構わない。それが漢民族の歴史なのだから、いまどれほど政治が悪くても、永遠に落ち込むことないと思えるんですね。

日本人は西太后を誤解している

髙山　余談になるけど、辛亥革命で「悪玉」と名指しされた西太后《せいたいごう》は、実はすごい人物だったようですね。彼女は日清戦争に負けた後、敗因は何かを考えたとき、やっぱり科挙の制度がいかんと気づいた。そこで科挙制度を廃止する。

石平　科挙制度は隋の時代から中国を支えてきた政治の根幹制度ですからね。

髙山　でも、科挙制度の廃止という改革を断行して、しかもその代わりに日本留学をさせた。先見の明があった。発想も自由だった。もう一つは纏足の廃止。宋の時代から始まった纏足の風習もやめさせました。日本でも西太后といえば「悪女」の代名詞になっていますが、これは明らかな誤解。実はけっこうな政治家の面もあるんですよ。

石平　いや、あれは西太后が女性だからできたのですよ。女性なので儒教の本も読んだことないし、教育も受けていない。満洲族の女性なのでなおさら。だから男たちと最初から視点が違う。極めて女性的であり現実主義者ですね。

髙山　彼女が死んでやがて辛亥革命が起きる。あの革命も傍から見ると昨日までの敵の黎《れい》元洪《げんこう》（中華民国第二代、五代大総統）をいきなり革命派の頭に据えたり、結構いい加減なところがある。

それでもみんなが躍動していたような気がする。日本から梁啓超《りょうけいちょう》がもたらす新しい思想や文化をどしどし吸収して、いままでと違う国民参加の共和国を作ろうと言う熱気があった。このとき初代大総統についた袁世凱《えんせいがい》は中国初めての総選挙を行い、憲法草案も日本に頼んでいる。有賀長雄という早稲田の先生が「万世一系の天皇に倣って、清王朝として立憲君主国家を作れ」という憲法草案を起草している。

石平　袁世凱は大総統から皇帝になりますよね。

高山　そう、清王朝の後継者を自認していた彼は議会も設置し、日本に留学生も派遣した。選挙権は二十一歳以上の税金を払っている男子のみの限定ですが、きちんと全国で投票をし、六百人ほどの議員を選出しているんです。

一九一三年ごろのことかな。そしてそれに伴う憲法を作ろうと、袁世凱が依頼した。でも袁世凱はその憲法を見て、一か所、「万世一系」というところに引っかかった。草案なのでどうでも修正可能なのですが、この「万世一系の王のもとでというのは、中国的な民主主義に反する」と言い出した。有賀長雄がこの経緯を記しています。なぜかというと、中国の民主主義では、誰でも皇帝になれる。易姓革命が起きる。過去に秦の始皇帝も漢の劉邦も皇帝の地位に就いているので、万世一系はありえない。それで、結局、破棄されたそうです。

石平　日本の天皇は〝血脈〟ですが、中国皇帝はそうでなく、一種のシステムなんですね。確かに、昔から中国では誰でも易姓革命を起こすことができる。天下大乱。でもそれが民主主義かというと、私は少し違うという気がします。

高山　でも袁世凱は、それを中国的な民主主義と評していますよ。

石平　それは、袁世凱は自分もそういうことをやりたい、劉邦と同じことをしたいがゆえの理屈でしょう。ちなみに帝政を復活した時の国号が「中華帝国」です。

言葉尻を捉えて尖閣問題を棚上げした周恩来

髙山　二〇二二年は日中国交正常化から五十周年になる年です。僕が中国に対して許せないと思っているのは、それに際して田中角栄首相が訪中したときの周恩来の態度。国交交渉の最中、人民大会堂で開かれた晩餐会席上で、田中角栄が周恩来に「わが国が中国国民に対して多大なご迷惑をかけたことについて、改めて深い反省の念を表明します」と述べたんです。その際、外務省の通訳が「添了麻煩（ティエンラ・マーハン）」と訳したことを問題にした。

石平　それじゃあ「ちょっと迷惑をかけましたね」くらいのニュアンス。例えば間違って相手の服に水をかけてしまって、「あ。ごめんなさい」くらいの軽さです。

髙山　周恩来は激怒して、それを翌日問題にした。「中国の人民を三千万人も殺す暴虐を働いて何を言っているのか」と。でもこれは周恩来の巧妙な戦略です。周恩来は日本に留学しているので日本語ができるはずだし、通訳だってそばに控えていた。田中角栄も日本語で堂々と反論すればいいのです。でも日本側はびっくりして「そんな失礼なことを言うつもりはなかった。誤訳です」と平身低頭。交渉の主導権を完全に中国側に握られてしまった。

周恩来は、日本では神田に下宿して二年間、明治大学に通った。途中一時帰国はあるけれど、ちゃんと日本語を学んでいて、日本語は江沢民よりうまいと言われた人。石平さんの本にも出てくるけど、彼が京都に行って、雨にけぶる京都を見て詩を詠んだそうだね。

石平　嵐山の目立たない林の中に、周恩来の詩碑があるんですよ、確か八〇年代につくったもの。周恩来が若い頃嵐山に来て詩を詠んだんですが、ほんとに下手くそな代物です。

髙山　あまりどこも紹介していませんね。

石平　あまりに下手な詩なので紹介する価値もない。だけど一応周恩来だからということで、詩碑だけは建ててやったみたい。

髙山　彼が持ち帰った日本語の教科書も、みんな使っているはずです。魯迅だって、日本の教科書を持ち帰って中国で教科書にしたんですから。文学者で思想家の梁啓超などは「日本語は簡単。漢字の多い日本語は、ひらがな飛ばして、下から読めば意味がわかる」というくらいです。歴史学者の宮脇淳子女史曰く、「毛沢東だって資本論は日本語の本で読んだ」というんです。

石平　大事なものはみな日本から学んだんですね。

高山　ちょっと脱線しましたね。つまり周恩来はよく日本語を理解している。南京大学で授業を受けている江沢民も同じ。日本語がペラペラのくせに、わざとわからないふりをして、たとえ通訳が誤訳したとしても、普通のマナーを持った外交だったら、「いやいや、そこはこういう意味じゃないでしょ」と通訳に言って、誤解されかねないことを田中角栄に伝えるべきです。それが日中外交の第一幕であるべきです。それを逆手に取って、「なんて失礼なことをいうんだ」と日本側の失態にして、交渉を有利にする材料にした。

日中外交は、こういう負の局面から始まったんです。そのときに角栄が持ち出したのが尖閣諸島の問題で、中国がくちばしを挟んでいることを指摘した。でも明らかに日本に領有権があるのに、周恩来は「まあまあ」とかいって帰属問題を棚上げにしてしまった。日本側は主導権を握られているから強く出られない。まさに〝ワザ師〟という表現がぴったり。

でも本来、外交に駆け引きはあってもいいけれど、汚い詐術《さじゅつ》は使うべきではありません。そういう詐術を前にしたら、日本側も毅然としていなければいけない。

結局、それで残った尖閣の火種は、六年後に来日した鄧小平が「尖閣問題は次世代のテーマ」とかいって解決を引き延ばし、日本からＯＤＡなどもらうものはもらい続けて、習近平の時代になったら「尖閣は中国の核心的領土」なんて言い放つ。そういう偽謀と詐術を使った外交を平気で行い、南沙諸島、西沙諸島まで実効支配し、ハーグの国際法廷が国際法違反と判定しても、「国際法なんて紙くず同然」と公然と言い放つ国です。ルールもマナーも持ち合わせていない。

「強いオレ様が好き勝手やって文句あるか！」

石平　でも、そういうことも彼らのコンプレックスの表れなんですよ。中でも日本に対するコンプレックスがもっとも深い。

髙山　先ほど、日本だけは取り込んでいないという話をしたけど、やはり無理なんだ？

石平　西洋はどう解釈しても、中華民族にはならない。だからあれは敵だということになる。日本に対する気持ちはやや複雑で、彼らからすれば、日本は朝鮮と同じように、「中国の弟分」として中華民族の範疇に含まれる存在。なのに中国という兄を弟の日本があれほどいじめた。だから、いちばん許せないのは日本で、次に許せないのは西欧。

髙山　それも、日本に対するコンプレックスの裏返しだね。

石平　結局、中国人はいろんな装置を発明して、自分たち漢民族が受けた屈辱、自分たちの抱える劣等感をごまかすのですが、所詮、ごまかしはごまかしに過ぎない。「根本的な解決方法はいままで受けた屈辱を晴らすこと」と考えてしまう。それが、孫文から習近平まで続く〝中華民族〟の不幸の原因です。

髙山　〝倍返し〟の発想だね。

石平　そうそう。まさに習近平の「中華民族の偉大なる復興」は倍返しの思想です。そうすれば、もうすべて解決と考える。そこがまた中国の覇権主義の精神的バックボーンになっている。強いプーチンに対する崇拝もそうですが、「弱肉強食の論理はお前たち西洋が中国に吹き込んだものだろう。いまさら欧米が何を言うか」と、彼らは思っている。

髙山　確かにそういう側面もあるね。

石平　要するに、強いものを徹底的に正当化することでしか、いまの彼らの存在意義はない。「自分たちは強くなったから、思う通りにする。文句あるか！」と言っているようなもの。日本が中国の政策に苦言を呈すると、「お前たちも昔、それ以上にひどいことやったじゃないか」と反論する。「日本がそんなことをいう資格が、どこにある！」ってね。

結局、中国という帝国には、昔からの中華思想、中華民族というごまかしの思想が混在されている。弱肉強食の論理がこれを補完します。だから例えば国際問題を論じるときに、日本では「どちらが正義か」を基準にしますが、中国では「どうやって勝つか」「どうやって強くなるか」だけしか考えない。だから中国はいま、子どもたちに対しても「弱いからいじめられるんだ。強くなれ」と教育する。強くなるためには手段を選ばない。そのためには相手の技術を盗んでも構わない。

髙山　だから中国は、自分たちが狡猾《こうかつ》にやっている悪を正当化するんだね。

石平　例えば西側から技術を盗むのでも「何が悪い！　そもそも四大発明は中国から生まれたものを世界が盗んだだろ」という論理を振りかざす。日本人に対しては、漢字を教えただろうと強調する。お前たちには昔、いいことを教えてやったじゃないかってね。

髙山　でも中国はそういうけれど、王彬彬《おうひんひん》という学者が、少し前に「現代の中国語を分析すると、七〇パーセントが日本語だ」いう文章を発表しています。中国人が思想を論じるときも、思索するときも、欧米のことを論じたりするときも、常に日本が挟まれていると。

石平　南京大学文学院の教授で、魯迅など中国現代文学を研究している人ですね。

髙山　思索にも論争にも日本語が介在しているということなので「日本には文化的にお世

話になった」と続くのかと思ったら、反対なんです。「それを思うと鳥肌が立ってくる」って。「鳥肌が立つ」というのは、「決して受け入れられない」ということです。日本がこんなところまで出しゃばってきて、思索にも論争にも日本人が作った言葉を使わなければならない。その現実を「つらい」、悔しいと受け止めていることに驚愕しましたね。

石平　欧米を論じるどころではなく、中国自身のことを語る場合も日本語を使わなければならない。だって「中国共産党中央政治局」という言葉は、「中国」以外、すべて日本語ですよ（笑）。

髙山　「鳥肌」を中国でどう言うのかも興味があるんだけど、そういう現実に直面して、それを「鳥腹が立つように受け止める心理」というのは、明らかな思い上がりだと思うんだよね。例えば彼らは漢字を自分たちが作り上げたのに、あにはからんや、現代中国では言葉の七割方が日本人のお世話になっているなんて、これ以上の屈辱はない。「偉大な中華民族の再興」とか習近平が演説しても、その言葉の七割が日本語では、中華はちっとも偉大ではなくなる。それならどうしたらいいか。中国が満洲を溶かし込んだ今、満洲服は堂々チャイナドレスと言い張っている。だから同じように日本を征服して溶かし込めば、日本語はもう中国語になる。王彬彬はもう鳥肌を立てず、「今の言葉は支那のはずれ、日本自治区で中華民族である日本人が作った中国語が七割を占める」と胸を張れる。

その意味で、日本は是非とも占領支配しなければならないし、そこには無傷で占領などと考えていない。核爆弾を何発ぶち込んでも日本を降伏させればいい。

つまり習近平は中華民族の言葉を確立するためにも日本に平気で核爆弾を落とすような気がしてならない。

中国文化は「ひきこもり」の文化

石平　やはり漢字中心の文化で、日本人のようにひらがなやカタカナ、アルファベットをそのまま使うといった器用なことができない。でもこのままでは彼らの言語も行き詰まるでしょうね。

髙山石平さんは『私は「毛主席の小戦士だった」』（飛鳥新社）という本を著していますが、その中で「日本語でいう『優しい』という字を中国語で言おうとすると『優』の字ではダメなんだ」と書いていますね。僕も中国人の女性と話をしていたら、彼女もその部分は「優しい」という日本語のまま発音していた。日本人が英語の「シンシアリー」を自然に会話の中に挟むように、その優しいという日本語を入れて会話している。この「優しい」を漢字で表記しようとしたら、十個か十一個、字が必要になるという。そういう意味で中国語ってプリミティブなんですね。

石平　つまり漢字自体が発展性のない形態で、結局、その言語の発展性のなさが、民族の発展性を失わせていく。

高山　そういう発展性のない文化の中に閉じこもっていると、どうしても常識では考えられない虐殺などを引き起こす。「凌遅《りょうち》の刑」なんていうものがありますね、人間を生きたまま切り刻んで、三百刀入れるか、それとも八百刀入れるかして、一足飛びに殺さず、翌日まで生かせて続きをやる。楽しんでいるとしか思えない。想像を絶します。

石平　「漢字こそ闇の言葉、毒がある」ということ。だからベトナムはフランスが来て漢字をやめさせた。朝鮮半島はハングル主体だけどまだ残っている。

高山　朝鮮は漢字のままで、いまも捨てられない。発音だけハングルにしているだけの話。あれも発展性がない。例えば「泣く」というのは「アイゴー」。これは「哀号」ですよ。泣く時にアイゴーアイゴーと泣く。

石平　中国語の発音は「アイハオ」かな。

中国にある「日本占領」未来地図

石平　中国は相手の土地も自分のものと主張する。そもそも昔、アジアは全部俺たちのものだった……。ここまで悪が完結されている帝国はありません。だから、中国政府と議論するなんてまったく意味がないとしか思えません。

彼らの論理からして、日本人も〝最後の中華民族〟だとすれば、日本を占領するのになんのためらいもない。「お前らも、中華民族の中の倭族という一民族にすぎない」ということで正当性が生まれる。

髙山　読売の記者によると、最新の中国地図には、五十年先の日本が愛知県あたりで半分に分かれていて……。

石平　西日本は「東海省」。

髙山　そう、東半分だけが日本自治区。

石平　一応、東日本は自治区にしておくということですが、私は奈良在住なので東海省の所属になる。嫌ですよ、あんな危ない国は嫌だ、せっかく日本に帰化したのに……。

高山　実にふざけた話だけど、そうやって日本統治を描いている。思い上がりも甚だしい。

実は台湾は中国を捨てきれていない？

石平　そんな話を聞きますと、この対談も台湾文化を語らないといけなくなりますね。台湾も非常にいろんな意味でのジレンマを抱えてるんですよ。本来、いまの台湾という国の形を作ったのは日本文化で、戦後はれっきとした独立国家、中国となんの関係もありません。しかしやはり台湾は、まだ中国を捨てきれていない。そこが逆に台湾のアキレス腱になる。

高山　どういうものを捨てていないの？

石平　その第一は「孫文」。蔡英文が総統に当選して、宣誓式に臨みましたが、そこで誰に対して宣誓するかというと孫文なのです。いまでも台湾では孫文が国の象徴なのです。アメリカ大統領は神に対して宣誓するけれど、台湾では孫文に対してする。つまり、孫文の呪縛からまだ完全に脱出してないということ。恐らく、宣誓するときに孫文のことはあまり意識してないし、ただの儀式かもしれない。しかし儀式の中に本質が込められている場合もある。

髙山　孫文の系統を受け継いでいるのは、台湾は中華民国ですからね。三民主義の理想を掲げている。

石平　三民主義と直接、関係があるなしは別として、中華民国としては孫文の系統を受け継いでいます。当然、台湾国歌では三民主義を謳う。もちろん大半の台湾人はこの国歌の歌詞の意味はあまり意識していないでしょう。しかし、国歌はそのまま中華民国という国体を表現している。

髙山　大陸時代の幻想を捨て切れていないんですね。

石平　根強く残っています。台湾の公用語は北京語です。私も台湾総統選のときに選挙運動を取材しましたが、蔡英文さんも北京語で訴えかけています。台湾人が普通使っているのは北京語ですが、北京の北京語とは多少異なりますが、これは台湾人の北京語だなって、中国人だったらすぐわかる。とすると当然、台湾は中華文明の継承者だと考える。台北にある故宮博物館がその一つの証明です。そういう意味では、台湾という国が名実ともに本物の台湾になるには、まだ時間がかかる。孫文から脱出できなければ、中華民国という概念から脱出できません。そうでないと台湾は理論的に独立できない。孫文を認めていたら

「中華民族」という呪縛を拒否できず、永遠に中国の軛にとらわれたままです。そこが難しい。

「孫文」という錦の御旗に台湾軍は弓を引けるか

石平 もう一つ、現実問題として、例えば中国が台湾に侵攻するとした場合、孫文の旗印を押し立てるはずです。「我々は孫文の理想に基づいて祖国統一を行うので、中華民族であるあなたたちがどうして抵抗するのか」という理屈をつけてね。国民党軍の系譜を受け継いだいまの台湾軍が、孫文の旗印に向かって弓を引けるのか……あたかも幕末の戊辰戦《ぼしん》争のとき、錦の御旗に発砲できなかった幕府軍と同じで、中国にとって孫文は錦の御旗なんです。でも内実はぼろぼろの御旗だということに早く気づいて、台湾自身はとっとと捨て去るべきです。

髙山 孫文の実像は、相当に美化されているね。だいたい孫文なんて、日本に来ては女を漁っていた人物ですよ。十四歳と十七歳の姉妹のうち、一人を妻にして、もう一人を妾にした。犬養毅首相に「あなたの趣味は」と訊かれて「女だ」と平然と答えるほどの女好きはまだ許せるとして、彼は日本人を利用しまくり、感謝の念も持っていなかった。

孫文は日本人に革命費用をたかって、本人はコロラド辺りで遊んでいるときに辛亥革命が起きる。するとすぐ中国に戻るかと思いきや、ニューヨークに飛び、さらにロンドンに回って革命資金の調達をしている。実にカネに汚い。

ジョン・パウエルという、ミズーリ大学出身のアメリカ人ジャーナリストがいて、中国滞在二十五年の出来事をまとめ、渡部昇一さんが監修しています。そこに孫文とのやりとりが頻繁に出てきます。そこで孫文が「なんでアメリカは朝鮮を日本にくれてやったんだ。あれは日本が大陸に出る足がかりになるじゃないか」といってジョン・パウエルを責める。そういうやり取りを通して、孫文が何を考えていたか、アメリカ側の視点から浮き彫りになることがある。

彼は日本で覇道がどうの、王道に立ち戻れなどと偉そうに言うが、それを見ていると、むしろ孫文に幻想を抱き続ける日本人が理解しがたい。日本人は明らかに孫文の虚像に騙されている。

石平　日本人なら中国関係の人間の素性や行動を正しく調べられる。書籍も多いし制限もないですからね。すると孫文の実態にたどり着くはずなのにね。

髙山　蔣介石だって同じ。僕が蔣介石が許せないと思ったのは、日清戦争の後、西太后が死んで埋葬された後、孫殿英という将軍が墓荒らしをするんです。墓を荒らして、西太后の口の中に埋め込まれていた夜明珠《イエミンジュ》（夜に光る石）という財宝を略奪する。これを知った溥《ふ》儀《ぎ》が怒って、満洲に帰るって言い出したんですが、蔣介石は墓を荒らした孫殿英に「ちゃんと俺に上納しろ」と命じ、財宝を半分手に入れた。その夜明珠は、宋美齢が気に入ったということで、自分のスリッパにくくりつけていたそうです。

僕はこんな人間たちに常識や良識というのがあるんだろうかと、情けない気持ちになる。他人様の墓を荒らすのも言語道断だけど、平気で盗掘の上前をはねるなんて、国民政府代表がすることではない。宋美齢はアメリカに行って「日本がいかにひどいことをしているか」を猛アピールしましたが、それなら彼女はこういう非を犯していますと、誰か発表すべきでした。

台湾は李登輝元総統を「建国の父」にせよ

石平　そんなのが上に立っているから、中国は一向にまとまらない。

高山　一九三六年、張学良が蔣介石を監禁し、国共内戦の停止を迫った西安事件が起こりましたが、あれにはアメリカが深くかかわっていると思います。蔣介石も国共合作に同意し、翌年、日中戦争が勃発して第二次国共合作が成立する契機となりました。

当時の中国は、袁世凱が死んで国会が機能不全に陥り、張作霖を筆頭に各地に軍閥が群雄割拠していた。そんな中でアメリカは蔣介石を選択する。蔣介石に日本攻撃をもとめ、その代償にスティムソン・ドクトリンを出す。つまり蔣介石中国に清王朝の版図、満洲もモンゴルもくれてやると言った。

しかし蔣介石はアメリカの意に沿わず、なかなか日本を攻撃しようとしない。そのうち三六年に張学良が蔣介石を幽閉する西安事件を起こした。アメリカは驚き、ニューヨークヘラルドの特派員ウイリアム・ドナルドを派遣して蔣介石を救い出し、待ったなしで日本攻撃を始めさせた。西安事件の翌年、盧溝橋事件が起き、通州で日本人の大虐殺が起き、続いて中国軍四個師団による上海の日本人租界攻撃が始まる。第二次上海事変で、ここから米国念願の日中戦争が始まる。すべてアメリカの思惑に沿って国民党軍が起こした行動です。

石平　国共合作の相手は中国共産党ですが、これを増長させ、力をつけさせたのは、孫文の責任が大きいんです。一九二一年にコミンテルンが中国共産党を作り、毛沢東も設立メンバーの一人になった。でも作ったはいいが、やるのはテロ活動ばかり。支持拡大にはまったくつながらない。そこでコミンテルンは共産党に見切りをつけ、孫文の国民党に目を向けるんです。当時中国で、一九一二年の辛亥革命で誕生した北洋政府（袁世凱の流れをくんで北京の政権に参画した軍閥の集まり）以外に、多少なりとも国民に信望があったのは孫文だけだったからです。でも孫文は当時あまり勢力がなく、広東省の地元軍閥と手を組んで生き残っている有様。そこでコミンテルンが支援を決め、武器や資金を援助する代わりに出した条件は、中国共産党といっしょになること。孫文はこれを呑んだ。これが第一次国共合作です。

するると瞬く間に共産党のメンバーが国民党の要職を占めるようになり、国民党を半ば乗っ取る形になってしまう。つまり、孫文は中国共産党を政治の舞台に引き上げてしまった。これは彼が犯した大きな罪。孫文が条件を呑まなければ、中国共産党は地方のテロリスト集団で終わるしかなかった。だから私は、台湾はいい加減、こんなに罪深い孫文を切り捨てろと主張したい。

髙山　現在、台湾の民進党と蔡英文総統は、本音では孫文を切り捨てたいというか、中華民国の殻を抜け出したいわけだよね。でもそうすると中国の圧力が激しくなる。一方、台湾の中でも「やはり自分たちは中国人だ」と根強く思っている層もいる。それで、なかなか踏みきれない。

石平　確かに、そういう政治的現実は無視できない。しかしこの問題に踏み出さない限り、台湾の未来は危ない。一度にすべて変えなくてもいい。でもじわじわ変えていかないといけない。その手始めに意識の中から孫文を排除すること。そして故李登輝《りとうき》総統を建国の父にするのです。彼こそ、台湾の現在の民主主義をつくった人物です。だけど孫文は台湾と中国共産党の両方で神様のように扱われている。そこがいちばん厄介な問題です。

髙山　でもなぜ、中国共産党が孫文を敬うのですか？

石平　敬うというより、対台湾的には利用価値があるからです。

髙山　南京近郊にある「中山陵」、孫文の陵墓に上ってびっくりしたのは、階段の真ん中に龍が掘ってあること。

石平　中国では龍は皇帝のシンボルですよ。

髙山　まるで皇帝の扱いだね。廟のまわりに植えてあるカイヅカイブキ（龍柏）という木も、皇帝の庭に植えるものだそうで、孫文がいかに崇められているかがわかるな。

習近平三期目の五年間が危ない

高山　先ほど語った中国人の世論、ロシアに対する世論とかを見ていると、習近平が台湾に侵攻する日は、予想以上に近いという気もするね。

石平　プーチンの思惑通りにウクライナの戦争が運んだら、中国国内では必ず「次は我々も台湾だ」となったはずです。習近平がそれを打ち出さないと、「我々にはプーチンのような指導者がいないのか」と世論を怒らせてしまうから。習近平もプーチンに貸しを作っているから、台湾侵攻が現実になったら、プーチンも支援しなければならない。中露を相手にすると日米同盟は対処しきれなくなる……こういうシナリオが描けたはずです。

でも幸い、ウクライナ人の抵抗でプーチンは苦戦。国際社会の制裁もあってロシアが苦境に陥っている。そうなると習近平も台湾に手を出すタイミングを考え直さなければならなくなる。下手に手を出して制裁を受けたらどう対処するか、制裁に耐えるほどの経済体制を作れるか。戦略、戦術をどういうふうに変えるか。プーチンの二の舞にならないためにどうするかなど、戦略を立て直す時間が必要になるはずです。

つまりウクライナ戦争の結果が、中国の台湾侵攻を遅らせるのは間違いない。ただし、習近平政府が台湾併合の目標を放棄するかというと、それは絶対にない。そもそも共産党政権の国是が昔から、「台湾併合による祖国統一」ということですから。

高山　しかも彼らはいま、自分たちの軍事力に自信を持っていて、侵攻は可能だと考えている。問題は日米同盟の干渉をいかに避けるかです。

石平　日本に対しては今後、核恫喝をしてくるはずです。「台湾に力を貸したら、東京に向けて一発撃つぞ」と脅す。日本は核に対する抵抗力がないから、困るのは間違いない。アメリカとは腹の探り合いです。中国が台湾に対する戦争を発動したら、アメリカや西側は激しく反発するでしょうが、問題は〝戦争でない戦争〟を始めてしまう場合。その可能性は多いにあります。

高山　今回ロシアがとった特殊軍事作戦みたいな形？

石平　そうです。だから六月に習近平が人民解放軍の「非軍事戦争行動要項」という文書に署名し、六月十五日から施行されています。これは「戦争ではない戦争」を遂行するための要項。そして秋に共産党大会が開催され、首尾よく習近平の続投が決まれば第三期目に入ります。この三期目の五年間がレッドゾーンではないかというのが、いまの私の見立てです。

高山　何年から始まるのですか？　三期目は。

石平　共産党総書記としての三期目は今年秋の党大会が終わったところから。国家主席としての三期目は、来年の三月に普通ならば全人代が開かれて、そこで三期目に入る。でも実質上、習近平体制は党大会終了後に三期目に入ることになる。

高山　秋の党大会までは現実に動くことはないだろうけど、その後の五年間が……。

石平　僕は一番危険だと思う。その五年間で周到に準備をするというわけです。

台湾侵攻の準備は着々と進む

高山　でもアメリカも強硬姿勢を変えていない。ペロシ下院議長が台湾を訪問し、「アメリカは台湾を見捨てない」と表明した。

石平　彼女は一貫して中国の人権問題を非難してきた人物ですからね。

高山　元空将の織田邦男さんは、いざ実戦となった場合、二百海里というか、日本の先島《さきしま》諸島もぐるっと囲むようなエリアを完全に掌握しておかないと、中国は軍事行動を取れないそうです。この準備に六カ月はかかるという。それがまず前段階。次に、例えば日本領の島々をどう制圧するかの問題が出てくる。日本側から台湾はまる見えですから、先島諸島に米軍や自衛隊が出動すると、中国軍の作戦行動も危なくなってしまう。

石平　自衛隊の対艦ミサイル基地をいま、作っていますよね。

高山　石垣でも建設中ですが、それをまず制圧すること。そういう前提がついてきます。日米同盟があるけれど、真っ先に日本が狙われることは間違いない。どういう展開になるかはアメリカの胸三寸。ただ、アメリカは尖閣諸島など石ころだけの場所を守るために日米安保の発動なんかしないというのが、もっぱらの説ですが、実際に人が住む先島や石垣が攻撃されたら、事情が変わってくる。

石平　逆に中国も与那国に手を出したら、日米同盟、米軍出動の格好の理由になってしまうので、あえてそれは避けることでしょう。

高山　だからこそ尖閣諸島に軍艦や航空機を出して日本を刺激し、戦闘になったら、それを理由に一帯を制圧してしまう。そんな形で、尖閣諸島をめぐる軍事行動が開戦の発端になるでしょう。そうして台湾から二百海里の作戦行動エリアを掌握する。軍事的にいうとそういうことらしいんですよ。

石平　ということは、台湾を統一する前にまず日本を敵にしなきゃいけなくなるということですね。

髙山　そうですね。ただ、その事態になったときに、アメリカは果たして報復するかどうか？　絶対に全面戦争はやらないというのがアメリカの本音。いまのウクライナに対する態度を見ていると、そうとしか思えない。核の脅威に対しても、持っていることが抑止力になるという展開でしょう。だからいま、みんなウクライナの動向を注目している。

石平　だから「特別軍事行動」という形になるかもしれないんです。それなら、アメリカ軍が出動するのを抑えられる可能性が高い。

台湾よ、なぜ国連から出て行ってしまったのか……

石平　もうひとつ、台湾とウクライナが根本的に違う点があります。ウクライナはれっきとした独立国家で、国連の加盟国でもあります。でも残念ながら、台湾は国連に席がない。アメリカも日本も、台湾と正式に国交がなく、大使館は認められず、経済文化代表処なんていう名称でしかない。「台湾」とも呼べず「チャイニーズ・タイペイ」。国として認められていない。

そうすると、中国が台湾に軍事侵攻したとき、中国の「内政問題だから諸外国の干渉は受けない」という理屈がまったく通らないわけでもない。国家として認められていないのだから、国連決議が出せないという事態も想定されるのです。

髙山　でもいままで、国連がまともだったことが一度だってありますか？　いまだって後進国を装う中国がポストを握っている機関が多いし、ＵＮＥＳＣＯもＷＨＯもチャイナマネーで汚れた連中が占めているのです。

ただでさえ、ロシアの侵略行為に対して国連決議すら出せない状態です。侵略の当事国であるロシアが拒否権を行使してしまう。「あれはなんとかならないか」という声が日本国民の間で多いのですが、日本国憲法前文にあるような「以て範を垂れる」べき国連安保理の常任理事国が自ら先頭を切って、国際法は無視するわ、侵略はするわ。警察官がそのまま泥棒に早替わりするような組織なんだから、もう機能不全状態。とにかくいまの国連には期待できない。どうしてもというのなら、第二国連を作るしかない。

石平　でもすぐに第二国連の設立は不可能です。現実問題としては、国際社会が本当に台湾を守りたいのならば、まず台湾を国家として認めないといけない。そう考えると、台湾自身が馬鹿なことをしたことが、かえすがえすも残念ですね。

髙山　一九七〇年、中国が国連に初めて入ったときのことだね。

石平　はい。国連の投票で決められたのは、中国の加入であって台湾を追放することではなかった。台湾を追い出す決議はなかったのに、蔣介石が勝手に国連から離脱してしまった。

髙山　あのときのアルバニア提案は蔣介石の中華民国の追放と毛沢東中共の国連常任理事国入りというドラスティックなものでした。それに対して米国提案がありました。常任理事国のポストは中共に渡しても蔣介石・台湾は国連に議席を残すというものでした。

しかしアルバニアは北京に代表権を渡すかどうかの議題の審議に蔣介石がいることがおかしいと言って一時退席を求めました。アルバニア決議が採決された後、戻ってきて米国案の審議に加われればよかったのに台湾代表はそのまま退場してしまった。結局、国連に台湾の議席を残す案は提案すらされずに終わってしまった。

石平　解釈によっては、蔣介石はわざとやったのかもしれない。蔣介石からすれば、中華民国と中華人民共和国の二つの中国が国連に入るということは、彼からすれば「祖国分裂」と考える。共産党と一緒で、蔣介石も「中国大陸は中華民国の一部」と死ぬまで思っていたはず。事実、彼は台湾の中華民国議会に四川省など各省の代表を置いている。台湾にある中華民国政府は四川省など中国各省をすでに統治していないのに。同じように福建省代表も、北京の代表も入っている。蒋介石も結局、一つの中国という理念は共産党とまったく一緒。

髙山　追い出されていないのに自分から脱退するなんて、なんと愚かなことを……。

石平　もしあのときに脱退していなければ、中華民国はれっきとした国連の一員でいられた。蒋介石は台湾を売ったと同じです。蒋介石は反共でも、「中国は一つ」と願っていて、「いましばらく、我々は台湾にいるだけ」と最後まで思っていた。だから、蒋介石も中華思想の塊《かたまり》なんです。

髙山　台湾国の総統では我慢できなかったとしたら、彼には台湾への思いやりはこれっぽっちもなかったということになる。

石平　一時的に、しようがないからしばらくいるだけだったのでしょう。台湾の位置づけは、大陸に再び上陸するための足場に過ぎない。だから蒋介石のスローガンは「大陸反攻」。とんでもない人物です。でも蒋介石が亡くなったあとで、当時統治していた国民党は台北の中心に蒋介石の廟をつくった。

髙山 最近、銅像は撤去したの？

石平 いまは廟ではなく記念館に衣替えしました。銅像はまだそのままです。

髙山 台北の北、新竹市に慈湖蔣公銅像公園という公園があって、台湾中に置かれていた蔣介石の立像や胸像を、処分するのもなんだからと集めて、並べている。だから、はげ頭の像がずーっと並んでいて、もう、天下の奇観というか。でもそういうところに僕はユーモアを感じて、「台湾人はやっぱり中国人じゃないな」と思った。中国人だったらただ打ち壊してしまう。

日本と欧米はもう一度台湾と国交を結べ

髙山 では台湾の今後はどうなるか。ここが台湾問題の厄介なところですが、現実問題として、そこをどう解決するか……。やはりアメリカも日本もヨーロッパも台湾を独立国家として認めること。しかしこのこと自体、特に日本では「中国を刺激するから」「逆に戦争を招くことになる」と及び腰の声が多い。でも国際社会が台湾を国家として認めないと、台湾自身が中華民族と決別できない。

石平　恐らく台湾国防軍軍人の中にも、自分たちのルーツは中国にあると考えている人は多い。いわゆる「外省人」ですね。国民党軍はもともと外省人の部隊で、いまの台湾軍は、台湾という独立国家を守ろうとする意識と、自分たちは中国の一部だという意識のどっちが強く出るか。

髙山　民進党は「台湾独立」の主張を引っ込めましたが、内心ではそれを捨てていないはずだし。

石平　その反対に、台湾の中にも中国共産党の侵略を待ち望む政党がある。

髙山　一枚岩なら独立国家台湾として名乗りを上げればいいのだけど、それができないのは、あの国自体がまとまっていないからだね。

石平　ただ、台湾とウクライナを比べて、台湾の強みは、自身がちゃんとした軍事力、海軍も空軍も持っていること。もうひとつは、西側にとっての重要性がウクライナの比ではないことです。特に日米にとっては。アメリカも日本も、ウクライナを失っても大きな痛手にはならない。しかし台湾を失ったら、アジアにおけるアメリカの覇権は永遠に失われてしまう。日本の安全保障も台無しになるので、台湾問題はアメリカと日本にとっての死活問題なんです。だから日本もアメリカも、何としても台湾を守らなければならない。

髙山　バイデン大統領は、ウクライナに関しては一度も武力干渉するとは言っていない。しかし台湾に関しては失言と称しながら、三度も言及している。三度となったらもう失言じゃないよ。

石平　その背後には世界最大のファウンドリ（半導体受託製造企業）TSMC（台湾積体電路製造）の存在があるのは、最近台湾でもよく言われることです。ここが製造したウェハを用いた製品は、補聴器やスマートフォン、クラウドデータセンターから、人工衛星、科学機器、宇宙船など、幅広い電子機器に採用されていますからね。台湾のあの企業なしには世界経済は回っていかない。止まってしまう。何をつくるにしても、あそこの半導体チップがないと。

髙山　一番高性能だからね。現時点で世界で最も進んだ半導体プロセス技術である五ナノミリのチップはここでしか作れない。

石平　アメリカのミサイルもあれを使っているから。チップがないとミサイルが飛ばせない。もしかしたらTSMCは台湾一国と同等の重要性さえ持つ。これを中国に取られちゃうのは、アメリカとしてはまずい。そこが台湾にとっての強みです。

髙山　でもいま、日本とアメリカに工場をつくって徐々に海外に移転を始めている。

石平　しかし、心臓部はまだ台湾にあります。アメリカと日本の工場は大きな代替にならない。というのは、半導体チップを作るにはサプライチェーンが必要なのですが、TSMCのサプライチェーンは台湾国内にあります。台湾国内なら、TSMCが育てた企業が一緒にやってくれる。しかしどこかに移転するとなれば、傘下の企業群もすべて移転しなければならない。

髙山　いわゆる一種の企業城下町だね。

石平　傘下の企業はTSMCと一心同体。だから切っても切れない関係。

髙山　中国もまたTSMCのお世話になっているんじゃないの？

石平　そうです。十ナノミリならどこでも作れますが、五ナノミリの半導体の世界はTSMCだけの技術。あれは絶対に中国に渡さない、それはアメリカも許さない。

髙山　では、中国が台湾にミサイルを撃ち込むわけにはいかないんだ。

石平　仮に撃ち込んだら、世界経済が崩壊してしまいます。台湾を占領して、完全無血で企業を接収するしかない。

髙山　ウクライナのドンバス地方みたいに廃墟にしちゃうわけにはいかない。

石平　台湾に上陸して、あの企業を接収しようと国務院の専門家が提案しています。そうなると中国の半導体産業は五十年間の遅れを取り戻し、一気に世界最先端に躍り出る。もしTSMCが中国のものになったら、中国が世界の産業を制することになってしまう。アメリカのミサイルも飛べなくなって、降参するしかなくなる。

高山 それじゃあアメリカも必死で防衛するしかない。

石平 台湾に関しては本気ですね。でも場合によっては、中国はヤクザな国だから、「TSMCはもういらない」と言い出すかもしれない。「台湾を占領する。もし阻止行動があればTSMCを破壊する」という恫喝です。要するに、もし台湾統一を認めるなら、TSMCの商品はこれから皆さんにお裾分けするけれど、それを阻止して俺たちのものにならないなら、TSMCを潰してしまえとね。そこがまたややこしい。

高山 確かに、北京政府は無頼漢同然だから。それゆえに怖い。

石平 無頼漢ほど強いものはない。そこが台湾問題のややこしいところです。

高山 なるほど、西側は手が打てそうで、なかなか打てない。

石平 強みが同時に弱みでもある。中国からすれば、そのままでも利用できる。

高山 バイデンは、中国が本気で核で恫喝したら逃げるんじゃないかという観測もあるけれど、この話を改めて聞けば、アメリカも本気にならざるを得ないことがよくわかる。

石平　もう一つはやはり日本。日本を死守しない限り、太平洋は荒らされ放題。これは安全保障の大問題。QUADは間違いなく、能天気な日本を支えると同時に、アジアのキーストーンである台湾を守るという意味もある。

高山　台湾を奪われても太平洋は荒らされてしまう。

石平　台湾海峡が中国の内海になってしまう。中国の瀬戸内海になる。日本に来る船、行く船が通れなくなり、かなり遠回りせねばならなくなる。

第一列島線を突破したい習近平の野望

高山　中国は太平洋に何段階かの「列島線」を勝手に引いていますが、最大の火種になっているのが「第一列島線」。九州から台湾にかけて南に線を引いて自国による領有を主張していますが、あれはいわゆる「日本弧」の南半分に当たります。ここは昔からの日本領で、カムチャッカ半島のすぐ南から、千島列島、日本列島、トカラ列島、南西諸島、先島諸島とつながり、台湾までずっと続く「孤」状に繋がる島々です。これを持つ日本がずっと大陸勢力を封じ込めてきた。

その第一列島線は、中越紛争で人民解放軍の弱さを目の当たりにした鄧小平が軍の改革に着手したときに突然出てきた。彼は陸軍の増強だけでなく海軍の戦略も見直したんですが、その結果、打ち出された構想があの第一列島線に始まる軍事戦略上の概念です。

石平　日本は千島から台湾までを一国で守り切っていたわけで、習近平はいま、そこを破ろうとしているわけですね。

髙山　歴史上、過去に大陸勢力、いわゆるランドパワーがそれを打ち破ろうと試みたことは何度かあった。最初は元寇。フビライの命令で高麗と宋の勢力が日本弧に挑みました。日本は見事にはねのけ、二度にわたって叩き潰した。

次は東アジアを制覇した清朝が北洋艦隊を擁して挑んできました。日本が三千トン級の巡洋艦で固めるのに対して清は八千トン級のドイツ製の戦艦「定遠」「鎮遠」を主力に日本に戦いを挑んだが、黄海を出る前に潰された。その次はロシアが挑んだ。旅順艦隊、ウラジオストックの東方艦隊、それにバルチック艦隊が日本艦隊にぶつかってきた。日本側は旅順、東方の両艦隊を別個に退治して主力のバルチック艦隊を対馬沖で迎え撃って全艦を沈めてしまった。圧倒的な勝利だった。

第二次大戦後、日本が降伏を宣言した後、スターリンが北海道を狙って2度目の日本弧突破を図った。産経新聞元モスクワ支局長の斎藤勉の『スターリン秘録』（扶桑社文庫）によると、スターリンは宗谷海峡と津軽海峡、対馬海峡の三つの海峡を制圧するつもりだった、つまり、日本海の全域と北海道を抑えて念願の太平洋への出口を確保する気だったとあります。

そのために日本軍が武装解除をした日から後、まるで火事場泥棒のようにカムチャッカ半島から北海道への侵攻を始めました。昭和二十年八月十八日がその進発の日でしたが、その違法行為を千島列島の最北端、占守島《しゅむしゅ》の日本軍守備隊が許さなかった。上陸するソ連軍を迎え撃って徹底的に撃破した。ロシア兵千人以上が戦死、それに倍する負傷者を出して北海道侵攻計画は大幅に遅れを出し、日本が戦艦ミズーリ艦上で降伏調印をした九月二日にはソ連軍はまだ択捉《えとろふ》辺り。歯舞・色丹には九月三日にたどり着いた。だからプーチンは日本との北方四島問題を避けて通り、つい最近になってロシアの対日戦勝記念日を九月二日から三日にずらした。火事場泥棒が露骨にばれないようにした。こんな姑息な男を見たことがない。

石平　ちなみに習近平も九月三日を戦勝記念日にしていますね。

髙山　それは習近平も姑息だからだよ。ミズーリ号の降伏調印式の九月二日通りに中国が対日戦勝記念（ＶＪ）を祝うと、連合国軍主体の英米などのＶＪデイは日付変更線のために中国時間で一日遅れる。実際は中国はアメリカの手先というか、カネと武器をもらって日本軍の足を引っ張る役割を果たしただけだった。それなのにご主人様に先駆けて対日戦勝を祝う。それはあまりにおこがましい。それでご主人様の欧米諸国に合わせて一日遅れの九月三日にした。そうすれば連合国の一員として同じ時間帯に祝える。こちらも実に姑息な発想による時差祝いですよ。

石平　そうですね。でなきゃ一日遅れってあり得ない。

ＱＵＡＤが日本防衛の核になる

髙山　戦前、日本はきっちり大陸パワーを抑え込んでいた。日本の海の防衛線は強固だった。しかし戦後のアメリカの極東政策はその日本の海軍力を完全に破壊することにあった。マッカーサー憲法の九条で、日本はまともな軍艦も持てなくなってしまった。つまり大陸の力を封じ込める日本弧を、日本だけでは守れなくなってしまったんです。

石平　そこでＱＵＡＤを打ち出し、インド太平洋構想で日本弧を防衛しようとしたのが安倍外交ですね。中国に対抗するためには、台湾も含めて防衛する必要があるという構想です。アメリカは急ぎ台湾に海兵隊を送り、いつでも上陸軍を編成できる形にした。欧州各国、オーストラリアも、それに倣った。

高山　その通りです。しかし、安倍さんが不在のいま、誰が代わってその日本弧防衛のイニシアチブを取るか、実質的にはＱＵＡＤはやはりアメリカがイニシアティブをとるだろうけど、その有力補佐官になれる日本の総括責任者は誰になるのか。イギリスもフランスも、日本の基地に常駐するというわけにもいかない。でもそれをしないと、フビライも、ニコライ二世も、清の西太后も、スターリンもできなかった日本弧を打破する機会を習近平に与えてしまうことになる。

石平　せっかくこれまで、海洋国家日本が、中国、ロシアというランドパワーが外洋に進出しようとするのを阻んできたのに……。台湾を奪われれば、その悲願を達成させてしまう。フビライより自分のほうが偉いんだということになっちゃう。

高山　中国は外洋進出を虎視眈眈と狙っていた。韜光養晦《とうこうようかい》（才能を隠して内に力を蓄えるという外交・安保の方針）の皮をかぶってウクライナが放り出したスクラップ寸前の空母を買ってきて空母「遼寧《りょうねい》」を作ったりした。あのときは、みんな笑っていたのに、いつの間にか空母四隻を保有する海軍大国になろうとしている。だから安倍総理（当時）は「もう笑ってはいられない」と語った。

石平　トランプに中国の危険性を教えたのも安倍さんですしね。習近平にしてみれば、安倍さんにやられっぱなしという感じでしょうね。そこに暗殺による空白が生まれた。これはチャンスと思うはずです。

髙山　日本がやっと安倍さんのもとで七十年間の空白を乗り越え、垂直離着陸機を搭載できる「ヘリコプター空母」を建造するところまでこぎつけた。しかしそんな時期に、当の安倍さんの姿が消えてしまった。習近平は、笑いをこらえるのが大変なくらいの慶事だと思ってるんじゃないか。

石平　そういう意味では、習近平はプーチンと同じ頭の構造なので厄介ですよ。そういう独裁者は、もうコストなんて考えない。中国への経済制裁なんてどうでもよくなる。

髙山　習近平は西太平洋を視野に入れて台湾を考えている。

石平　実際、台湾を自分のものにしたら、結果的にそうなります。習近平はかつて、第二列島線を越えてハワイを分岐点にし太平洋を東西で分け、東半分はアメリカ、西半分は中国の支配圏にしませんかと提案したことがある。

高山　十五世紀に、スペインとポルトガルが新大陸分割のトリデリシャス条約で線を引いたことがあった。そこまで思い上がれるのかという感じですが、習近平の品性からしたら現実になりかねない。

中国に侵略されてからでは遅い

石平　いま、台湾に手を出されたら、与那国も含めて日本の領土も蹂躙されるのは間違いない。つまり台湾が中国に併合されると、日本が大事な領土を失うということです。さらに中露がグルになって日本周辺を脅かしてくる。日本は戦後最大の危機に直面しているんですよ。

高山　だから、日本はもう待ったなしです。台湾が併合されたら、日本の安全保障は台無しになって貴重な領土も資源も失う。中露も周辺をウロウロし続けるでしょう。

石平　でもその一方で憲法改正も進まず、国民はたいした危機意識もないままです。

高山　だけど、中国が台湾をとったら、日本国民の意識がガラッと変わるだろうという意見がある……。ウクライナ侵攻でも、だいぶ刺激されているし。

石平　でも、取られてから変わっても、もう遅い。アメリカだって、台湾を中国に取られるまで何もしなかったら、アメリカはもう覇権国の地位から転落するのはわかりきっている。だから必死になると思います。

高山　中国は、アメリカ内部にまで入り込んで揺さぶりをかけている。まさにBLM（ブラックライブズマター）なんて、活動資金の原資は中国マネーでしょ。あのとき、急速にアメリカのほとんどの主要都市が大混乱に陥ってしまった。

アメリカは「世界の警官」をやめてしまって、トランプは大統領選挙の〝偽投票〟で追い落とされてしまうし。悲観材料しかないみたいだけれど、それでも中間選挙を前に、少しだけどまともな復元力が働きだしたようにも見える。

石平　バイデンの支持率が急降下していますしね。

高山　つい先日、ニューヨーク市で、通りがかりの外国人にも投票権を与えるという法律が議会を通過した。日本でもそっくりそのまま武蔵野市長が、一カ月住んだら外国人にも参政権を与えるとかいう動きがありました。それは市民の良識が勝って、潰されましたが、本家ニューヨークの方も州裁判所が州法違反で無効の判断を下しました。米国にもまだ良識は残っているようです。

石平　それはよかった。

髙山　トランプ弾劾の裁判はどこに行ってしまったんだと思うばかりの揺り戻しが、結構あちこちで来ている。バイデン政権もそのあたりを見極めざるを得なくなって、中国の動向や太平洋の行く末などを含めて、どう行動を起こすべきかを前向きに判断するようになった。オーストラリアと一緒に、かつて日本が持っていた南洋諸島への介入を始めてきた。ただこんな小手先で民主党の大罪が許されるわけもない。中間選挙では、それこそ米国がまともに戻ったかどうかを有権者が示す時だと思う。

台湾侵攻には準備が最低六カ月かかるとしたら、中間選挙はその前にあるから、中国はそれでアメリカの姿勢は見抜けるし、上下院の議員の数も決まるし。

石平　共和党が勝つことは間違いないですよね。

髙山　だから民主党も懸命で国会議事堂襲撃事件とトランプの関連とか、選挙に負けたときのトランプの言動などを調査し、公開している。ＦＢＩを使ってトランプの居城マール・ア・ラーゴに捜索をかけるなど「悪あがき」を続けている。そこまでせざるを得ないところに追い込まれているとも見える。

アメリカは本当に「強い」のか?

髙山　ひとつ教えていただきたい。中国人は、アメリカは強いと思っていますか?

石平　強いと思っていることは間違いない。

髙山　先ほど、中国人は強い者に対してリスペクトするという話でしたが、するとたとえばいま、中国が台湾近郊に軍事力を集中させているけど、台湾近郊でなら勝てると思っている?

石平　いや、アメリカ軍が全面的に台湾近海に展開したら、中国に勝ち目はないと思っているでしょう。

髙山　ということは、軍事侵攻は考えられない。それならまず、中国はアメリカが出られなくなる方法を考えようとするはずです。

石平　むしろアメリカは台湾付近に軍事展開しない可能性が十分ある。先ほど申しあげたように、台湾を独立国家とすら認めてないのだから、中国の台湾侵攻が「侵略」にあたるかどうか微妙です。侵略は独立国家に対するもので、アメリカの軍事行動は国連決議に基づくしかないけれど、国連にそれを認める能力があるかどうか。アメリカはよくこの手を使うでしょう。

高山　イラクに多国籍軍を派遣したときもそうだった。

石平　そう。でも台湾には出せない。台湾は独立していないし、国連の一員でもないので、国連決議はまず出ない。

高山　理論上はそうだけど、アメリカの得意な策としてたとえばトンキン湾方式を取るとか。どうするかというと、台湾と日本の先島諸島、南西諸島の間に尖閣諸島が位置する。その尖閣諸島で意図的に日本に仕掛けさせる。すると中国海警局が当然出てくる。日本の海上保安庁も結構血気盛んで、北朝鮮の船を沈めたこともある。ああいうドンパチが起こったら、それは日本の領土に対する侵害だということになり、まさに国連マターになってくる。尖閣のドンパチがそのまま台湾に影響することは目に見えているんだから、そんな形で仕掛けることは十分、考えられます。

石平　いや、でも中国もこれは策略だとわかるから、引っかからないようにするはず。中国はそういう悪知恵は働く。そこが非常に流動的ですね。

「日本は核三発で壊滅させられる」

高山　では、中国はアメリカは強いと思っているとして、日本は弱いと思っているんですか?

石平　そこそこの強さがあるけれど、やっぱり中国の相手ではないと考えているはずです。彼らからすれば、核を一発撃てば壊滅させられる。日本には反撃する能力がない。日本という国は国土が狭く、産業、人口も密集している。京阪神と中京と東京、三発で日本は終わり。しかも彼らは、日本に対して核兵器を使うのに何の躊躇もない。

高山　そこが実に怖いけれど、東京にミサイルを放ったら、横田の米軍基地、米軍の司令部も破壊される。華僑など身内も多い。

石平　いや、やるとなったら米軍基地云々なんて関係なくやる。日本には抵抗能力がないので、彼らは甘く見ている。残念ですが、それが現実です。日本はいまでも、核の議論すらできない国でしょ。

高山　確かに。中国が何者か。日中友好しか語らないし、そのうえ新聞も教育現場も日本を悪く言うことにやぶさかでない。とにかく自分たちの国を悪く言うだけのマスコミが多すぎる。核の議論をしようといっただけで反発を食らう。

石平　中国は日本に核攻撃を仕掛けようと決めたら、日本在住の中国人の命が犠牲になっても構わないと考える。中国政府はそんな政府です。お前たちは勝手に中国から出て行ってあんな国に住んでいるんだから、死んでも仕方ないじゃんって。

髙山　ウクライナのときも、中国人がウクライナ国内にいたのに、その中国人を保護しなかった。事前に予測できなかったからと擁護する向きもあるけど、習近平はプーチンから聞かされていたんだから、普通だったら保護するはずです。でも、自国民に配慮する国じゃない。

日本には永住している在日中国人が約三十万人いますが、中国と戦火を交えることになったら、その三十万人は人質になる。「仕方ない、日本なんて国で儲けようと思ってるんだから」というのが、中国政府の理屈です。中国の政府は日本人ほどナイーブじゃない。

髙山　それにしても、たった三発で日本を黙らせることができちゃうんだから、考えてみたら空恐ろしい。

石平　彼らは本気でそう思ってる。まったくの妄想ではないんです。それを考えたら、日本も核抑止力は持たなければならない。核に対する意識を変えなければなりません。

「唯一の被爆国」だからこそ核を持つ権利がある

高山　「日本は唯一の被爆国」というお題目がよく使われますね。アメリカはそれを広島、長崎の市街地上空五百メートルで爆発させた。いかに効果的に大量殺戮ができるかの人体実験をしたわけですが、これは日本が非白人国家だったからでしょう。そして約二十万人の命が奪われた。その八割は非戦闘員の女性と子供で、明らかな国際法違反です。しかしアメリカは謝罪することもなく、侵略国家日本に戦争行為をやめさせるためにやむを得なかったと、いまだに嘘を重ねている。そんな核爆弾の餌食にされた。それが「唯一の被爆国」の意味です。だから謝罪もせず、嘘をつき続けるアメリカに核の報復をする権利も含めて、日本に再び核を見舞おうする国が出てこないよう、「唯一の被爆国である日本は、どの国よりも優先してそれを阻止するための核を保有する権利がある」と続くのが正しい文脈です。

石平　だからこそ日本は核を保有する権利があります。考えてみてください。一九四五年、日本も核を搭載したアメリカ本土に届くミサイルを持っていたら、ヒロシマ・ナガサキの悲劇はなかった。その当時、核兵器はアメリカしか持っていなかったので、二発も投下されてしまったのです。

高山　その通り！　でも岸田首相は「比較三原則を遵守する」という。つまり三度目の核にさらされても核で報復はしないと、自ら宣言したに等しい。

石平　岸田総理の態度は、到底容認できるものではありません。被爆地広島が選挙区だから核保有を明言できないという配慮もあるでしょうが、日本人の生命・財産には代えられない。〝ヒロシマ〟より〝日本〟のほうが大事に決まっている。

高山　そうですよ。来年、広島でサミットを開催したいという政治的思惑もあるだろうけど、そんなことにこだわってもらっては困る。

石平　自分が置かれている立場と責任を自覚すべきですよね。国家の安全保障と国民の生命財産にかかわる課題なのに、口先だけで実際の行動に移さないとしたら、それは犯罪です。日本はアメリカの核の傘で守られているから大丈夫なんていう意見もあるけれど、日本が核攻撃されても、アメリカが中国からの報復を覚悟の上で中国に核を落とすかといったら、落とさないでしょう。落としたら自分が報復されるでしょうから。

髙山　やはりちゃんと報復権を確保していなければならない。結局、ここに尽きるんだよね。だから安倍さんは「核共有論」を提唱したけれど、その議論はまったく進んでいない。公明党の選挙標語は「日本を前へ。」だったけどね、全然進めない（笑）。

第5章

ウクライナの教訓を、日本はどう生かすか

「国際間の信義」なんて信用ならず！

高山　でもウクライナの戦争のせいで、日本人はだいぶ目覚めてきているような感じがします。要するに、いままで左側の人たちが言っていた平和主義は無意味で、「アメリカ軍基地があるから日本は戦争に巻き込まれる」と騒いできた。しかし実際は基地があって米軍がいるから守られてきた。つまり「米軍基地には核攻撃できないんだ」ということに、気づいてきたように思う。

石平　あのウクライナ戦争後、日本人の問題意識が高まったことは間違いないですね。ウクライナ戦争は日本人の固定概念や幻想を打ち破ったと言っていい。

高山　日本国憲法の前文にある「平和を愛する諸国民の公正と信義に信頼して」ということの無意味さ。ウクライナは、まさに信頼して、だから自国にあった核を放棄してロシアに引き渡し、米国やロシアなど大国に自国の安全を保証してもらえると信じていたのに、見事に裏切られたのです。

石平　あのウクライナを見ていると、平和というものは一夜にして破られることがよくわかります。日本人は早くそれに気づくべきです。自分たちが平和を望むこととは関係ない。ウクライナ人は戦争を望んだはずはない。でも一夜のうちに目の前で平和が破られる。そこはおそらく日本人には理解できない感覚でしょう。

しかも日本人の中でも「やっぱりウクライナは投降したほうがいいんじゃないか。妥協したほうが犠牲が少なくてすむ」などというバカな議論を堂々とテレビで展開する人間が多かった。維新の創設者で大阪府知事だった橋下徹さんもそのひとりですね。そんな議論が日本の中で堂々とまかり通ることが、これまたおかしい。

高山　だから橋下はしばらく表舞台から消えた。マスコミも国民の反発を気にしたのでしょうね。

石平　あ、そうですね。日曜日朝のテレビ番組からも姿が消えていましたね。

高山　あれに追随するような意見は、もう山ほど出ていた。例えば日本企業が中国で焼き討ちにあった場合でも、新聞が堂々と「中国の民衆は、日本が憎いのじゃない。実は北京政府に抵抗しているのだ」と書く。「何を言ってるんだ、やられたのは日本企業だ。賠償も謝罪もないならそんなところからみな引き揚げろ。大使も召喚し、国交も断て」と言うところですよ。しかし新聞の主張は、なんか誤解があったみたいと、話を自分でそらす。日本の新聞には正論が出てこない。今度も同じに、橋下みたいな話が出てくると、それに追随する意見が出ていた。

過去にも、そういうことを言ってきた人物が多いんです。歴史的に言うと、ロンドン大の森島通夫。一九七〇年代。第二次安保闘争のあと、「もしソ連が攻めてきたら、白旗と赤旗を上げればいいじゃない」と都立大の教授だった関嘉彦とやり合った。この森嶋的な発言がその後の文化人の発言のモデルになったと言うからあきれてものも言えない。

それのフォロアーとして下手な政治漫画を描く男が「中国が攻めてきたら手を上げればいい」と言った。「それで美味しい中華料理を食えばいいんだ」と。だいたい、中国人に手をあげたら、その指をみな切り落とされ、目玉を抉られ耳も鼻を削がれてしまう。それが歴史の答えですよ。中華料理を食おうにも舌も切られかねない。

橋下も戦わないという意味で歪んでいる。逃げろと言ってもロシアがやっているように中国人も平気でマンションにミサイルをぶち込んでくる。こちらはイラン・イラク戦争の折に六度も戦場に行った。戦争は究極の破壊ですよ。迫撃砲弾に晒されて「ミタルサム（怖いよう）」と逃げまどったこともある。バスラの対岸の村では、見ている目の前でレンガ造りの大きな家が消し飛ぶのを見ました。砲弾の破片が近くのレンガの壁に大穴を開けていた。そこに立っていたら体は真っ二つになっていた。爆風で車の窓ガラスもはじける。乗っていた者は窓ガラスの破片に突き刺されて即死していた。そういう実体験もなしに逃げればいい、手をあげればいいと他人様にわかったようにいうものじゃあない。

中国は平気で核のボタンを押す！

髙山　せっかく日本人の意識が変化してきたんだから、もう一歩進んで積極的に国土防衛を議論していくようになってもらいたい。

去年、高市早苗が総裁選に立候補して自民党員数が爆発的に伸びたそうです。高市の主張は、昔だったら、即座に朝日が袋叩きにし、言論人が騒いで、高市は消されていたでしょう。でもいまは、そういう空気が一切ない。

岸田は、非核三原則だ、友好だ、みたいなことばっかり言うから、どこか軸が定まっていないし頼りない。むしろマイナスじゃないか。「この際、高市と取り替えてしまえ」といった意見が多くなりそうな雰囲気すらあります。

石平　それでは、今後の日本政治はどうなりそうですか？

髙山　とても流動的です。自民党員には嫌だけど、岸田というシンボル以外に、他に選ぶ選択肢がない。参院選では維新が伸びたけど思ったほどでもないし、ただ立憲は大惨敗。当てこすりや嫌みがうまいのが野党だと思っている連中だから、消えた方がいい。

石平　でも日本には時間がないんです。憲法の問題を解決し、早く国防費の増額を果たし、国防体制を立て直さないと、時間がないんですよ。

参議院選で改憲勢力が三分の二を獲得しましたが、当面、次の衆議院選挙まで大きな国政選挙はない。岸田政権には「黄金の三年間」が与えられるんですよね。圧倒的な勢力を持てたのだから、ここで改憲に着手しなかったら、自民党内でも岸田おろしが始まるのではないでしょうか……。

髙山　以前、安倍政権が三分の二を獲得したとき、新聞は改憲に動かないよう安倍首相への個人攻撃を展開した。馬鹿な野党がそれに便乗してせっかくの好機を逃した。問題はやっぱり日本の新聞の自覚で、やはり朝日新聞をどう処理するかにかかっている。いまの新聞見ていると、例えば今回の参院選の焦点を読者に聞いても、「国防」というテーマを俎上に載せない。世論調査では「物価と経済がやっぱりメインになりますね」といったことを設問にする。的を外すことを公然とやる。

でも国民に知恵がついてきたから、メディアが従前通りでもそれなりに国防を意識すると思う。それはまあ、でも高市早苗が出てから大きく空気が変わったと思える。

石平　ウクライナが追い打ちをかけたというか、バックアップしたというか。

髙山　戦争ってこうなんだという現実を見せつけられた。手を上げて降参すれば、中華丼をご馳走してくれるわけではないとわかった。

石平　ウクライナ戦争では、侵略される側の惨状が、日本人に大きな衝撃を与えた。それが意識変化を促しました。そしてもうひとつ、ウクライナ人が頑強に抵抗したからこそ、世界中の支持を受けたっていう事実もある。

おそらくこれは、台湾人にとっても同じ。要するに、まずは自分たちの国で自分たちを守らなければないという意識が大事になってくるのです。ウクライナのゼレンスキー大統領の話ではないけど、頑張って前線に行ったりして、国民が自分の国を守ろうとしている。それゆえに世界から支持が集まる。橋下徹がいうみたいに手を上げてしまったらどうにもならない。

石平　でも、ああいう橋下さんの議論は結局受け入れられなかったということが、一つの新しい変化を示していますね。明るい方向に向かっていくという。おそらく橋本さんからすれば、「自分は左翼というより現実主義者だ」と思っているでしょう。でも、左翼じゃないのに誰も相手にしてくれなくなった。ということは、やはり確実に日本は変わってきた。

髙山　確かに日本人の意識が変わり、護憲とか平和主義の欺瞞にだいぶ気づいてきたなと思うのですが、先ほどの話では、「中国人が原爆をたった三発落とせば日本は終わりだと思っている」というのは、とても怖い話だね。でもそれに気づいている日本人が、どれだけいるだろうか。

石平　日本人は自分たちのために、本気になって核のことを考えなければいけない。もし日本民族がまだ存続したい、生き残りたいならばね。実は私は、普通の日本人以上に、この問題に危機感を持っていますよ。というのは、僕は中国人をよく知っているから……。彼らは平気で核のボタンを押しますよ。ためらわないし、後ろめたさもない。

髙山　日本に対しては決してためらわない？

石平　日本には反撃する能力がないから、ためらう必要がない。もう一つは、「南京大虐殺の報復」だと言えば、日本への核攻撃が正当化されると考えます。

ポスト安倍は高市早苗しかいない

石平　それにしても、世論調査で防衛費の増額賛成が九〇パーセントというのには驚きましたね。

髙山　高市早苗が打ち出した「五年以内に」という話ですが、五年では遅い。彼女自身はポスト的には不満だろうけど、政調会長っていう役割はツボにはまった感があったけど、改造後は経済安保担当大臣でしょ。

石平　でも髙山さん、安倍派のことも含めて、ポスト安倍の候補は誰でしょうか？

髙山　僕はその高市早苗を推すんですが、その道の〝事情通〟に聞くと、高市早苗の評判は良くない。指導力不足で「孤高の人だ」というんだね。安倍派の清和会は、塩谷立と下村博文のツートップ体制ということになっていますが、それより高市を頭に据えて、補佐役に誰かをつければいいと僕は思う。そして彼女には持論を展開させる。安倍さん以外に安倍さん並みの仕事ができる人物はいないけど、安倍の持論をちゃんと展開できるのは高市さんだけだよ。

それで高市さんを特命担当大臣という閣僚の端に置いたのでしょうが、ゼロよりははるかにましで、芽があれば育ちます。

「まだ実績がない」という声も多いけれど、政調会長というポジションを経て、第二次岸田政権では経済安全保障担当大臣。経済安全保障担当というポジションは、今後、経済戦争という局面で中国と対峙していく最前線のポストです。

彼女は、言うべきところはしっかり発言しているし、それが案外に的確なんです。当たり前です。安倍さんの思想をコピーして語っているから。でもそれでいい。それを海千山千の連中、菅義偉や麻生太郎が補佐すればいい。これはとても現実的な考え方だと思うな。

つまり、安倍さんの残像を最大限活用するわけです。それ以外、いまは方法がない。

石平　高市さんしかいないということですね。

高山　というか、大いなる願望です。女性宰相なら最初に彼女にやらせたいし、彼女は増長するタイプではないと思う。彼女も受けるでしょう。

石平　確かに。安倍さんの残像を活用するのはいい方法ですね。そうでないと、また限りなく左に近い自民党に戻ってしまう。

岸田政権は安倍さんの残像を活用せよ

髙山　安倍さんの残像を活用するためにも、やはり安倍さんがいかに偉大だったかをアピールする必要がある。そのためには、きちんと国葬で安倍さんを葬うこと。それをメディアが毅然と訴えなければならない。ほんとうはそれは産経や読売の役目なんだけど、そこの記者もプロ政治記者になりつつあるから、政局しか見ない。だから僕のような意見は鼻で笑って「高市に政治力はありませんよ」なんて言い放つ。

でも僕は政治力のあるなしを問題にしているのでなく、日本があるべき姿に進むにはどうすればいいのかを提案しているだけ。安倍さんの残像があるうちに基礎を固めておかなければならないんだけど、それを男性が引き継いだら、どうしても安倍さんと比較されてしまう。だけど女性なら、「ガラスの天井を打ち破った」と好感を持って迎えられるかもしれない。

石平　しかし、岸田の長期政権ということはないですか。髙山さんの岸田評価はいかがです？

高山　岸田はその他大勢のひとりでしかないと思う。いまは安倍さんのオーラが残っているから人気があるけど、やがてメッキがはげるんじゃないかな。産経の阿比留瑠比《あびるるい》氏も書いていたけれど、安倍さんが辞任したときには国民の間に強い喪失感が生まれ、いずれまた復活してくるという復活願望があったという。でも今度の喪失感は比べ物にならない。〝平均点〟以上ではない岸田では間に合わない。やはり、超派閥で、残像を上手に活用して女宰相・高市を登場させるしかない。

石平　私は日本の政治はよくわからないけれど、今回の参議院選の結果は、日本がいい方向に向かっていることの証明だと思う。衆議院、参議院とも、改憲勢力が三分の二を超えたんだから、岸田政権が改憲を進めない理由がどこにもない。国会発議、国民投票が視野に入ってきた。このウクライナ戦争以来の一連の流れを見て、中国もロシアもグルとなって日本周辺を脅かしていることに日本国民が気付いたので、考え方が大きく変わるんじゃないかな。

核による反撃能力を持つ

髙山　先に述べたように、これまでに中国を占領支配した「四夷八蛮《しいはちばん》」のうち、日本だけはまだ「溶かし込めていない」のです。それを溶かし込まないと、王彬彬みたいに、日本語が自分たちの思索の原点に入ってくると困るわけです。

中国は満洲人の支配を受け入れた結果、満洲服をいまはチャイナドレスと呼んで、まるでもとから中国人の衣装だったかのように扱う。満洲族の服なのに漢民族は「中国服ですよ」といって疑わない。「ジンギス汗は中国人ですよ」というのも、モンゴルを奪取したから言えるんです。そしてチョモランマ、エベレストも俺たちのものだと公言できるのも、チベットを支配下に置いたからです。

そういうことを考えると、文化面で、中国人の学者が鳥肌が立つような思いをするのは、やはり日本語で思索しているという屈辱。二十世紀の混乱に乗じて中国を占領した日本だけは、まだ取り込めていない。屈辱を取り除くためには絶対に日本を溶かし込まないと、彼らの腹の虫が治まらない。核の三発でカタがつくんだったら、彼らは平気でやるかもしれない。自分たちは痛くもかゆくもないから。

石平　だから日本は、核シェアでもいいし、核ミサイルを積んだ原子力潜水艦を投入してもいい。どういう形でもいいから反撃する能力を持つこと。核というのは、それを持つことで、攻撃されなくてすむ。何も進んで使うことはない。持っていればいい。

髙山　そう思うと、ウクライナが核放棄せずに何発か残していたらよかったのに。ウクライナが核を発射したら、モスクワは一発で吹っ飛んじゃう。

石平　日本は唯一の被爆国で二発も喰らいました。だから、この次日本に喰らわそうっていう国があるんだったら、こっちは報復どころか先制攻撃も辞さないという正当な論理の立て方をしなければ。日本にはその権利があるのだから。

髙山　唯一の被爆国の権利ですね。いま、アメリカが言い始めたのは、当時、日本は核実験に成功していた。だから、それが完成する前にやっつけなくてはならなかったと、それを原爆投下の口実にしようとしている。

石平　実際にどこかで実験していたのですか？

髙山　いや、実話じゃないので。ただ、彼らはそれをいまの北朝鮮の島で実験したと言っている。実にもっともらしい。実際に日本はイエローケーキを作ってウラン235の濃縮にも着手していました。それで一グラムのウランがTNT火薬一万五千キロの爆発力があることも確かめている。

ただ問題は、核濃縮をするのに遠心分離法でもガス拡散法でも大量の電力を喰うこと。

電力が豊かなアメリカはできるんだけど。では日本で豊かな電力があるところはどこか。

この話がよくできているというのは実はそこで、そのころ鴨緑江に世界最大の水力発電所水豊ダムが出来上がった。それでいまの朝鮮に核濃縮プラントを作り、電気を使い放題で濃縮をやったというふうになっている。実験には後のノーベル賞受賞者、湯川秀樹と朝永振一郎が当たりますが、湯川が、「お前はいい」といったので、朝永は途中までしか参加しなかった。結局、原爆は未完成のまま終戦を迎えたんですが、完成のとば口に立っていたことは間違いない。でも「こんな悪魔の兵器を作って、アメリカは本当にこれを人の上に落とすのか」と日本人関係者は考えたそうです。そこが日本人らしいところ。

石平　でもアメリカ人はためらいなく落とした。それが現実というものです。岸田首相は核の保有をためらっているようですが、もし日本が将来、核で恫喝されたり、本気で核攻撃されたりしたら、岸田という政治家は日本の歴史に対して責任を負わなければならない。せっかく、安倍元首相がそこまで持ってきたのに、それでも岸田首相が曖昧にしたら政治家の資格がない。政治家というのは、やらないことが最大の罪になるときがある。

髙山　だから、参院選挙で大勝利したいま、岸田がやるかどうかが問われている。

石平　本人がすでに公約したはずの憲法改正は自分の任期内にやること。これをやらないことは絶対に許されない。そして岸田政権のもう一つの課題は、この核問題に対して真剣に立ち向かうことですね。

日本人ならではのアイデアを報復能力に活用

髙山　核はもちろん持たなければいけない。でもそれ以外にも、日本人ならではの軍事的発想を有効な反撃能力に結びつけることを考えてもいいと思います。実は日本は海戦の歴史を三度書き換えています。まず日清、日露戦争戦でギリシア以来二千年続いた海戦の形を変え、次に先の大戦で大艦巨砲主義を旧時代のものとする新戦法を披露した。そして三つ目の大変革が潜水艦の戦略兵器化だった。

それまでの潜水艦のイメージはもろUボート。せいぜい五百トンくらいの小型でこっそり忍び寄って魚雷を放って逃げる。

それを日本は海に潜る航空母艦にしようとした。現実に米軍は終戦の直後、一九四五年八月下旬、三陸沖を浮上航行する巨大な潜水艦を発見し、拿捕し、横須賀まで持ってきた。これが約七千トン級の伊４０１号艦で、ほかに伊４００号、４０２号を拿捕した。

まるで巡洋艦並みの巨大潜水艦の司令塔下には巨大な格納庫があって、中に特殊攻撃機「晴嵐」三機が納まっていた。格納庫から艦首に向けて二本のレールが敷かれ、晴嵐はその上を滑走して進発するようになっていた。

伊号潜水艦の航続距離は五千キロを超え、その気になれば洋上給油して大西洋にだって潜っていける。ニューヨーク沖に深く静かに潜行して折を見て浮上、三機の爆撃機はそれこそペンタゴンだって爆撃して戻ってこられる。

アメリカはまずその大きさに驚く。たったいま、アメリカが持っているバージニア級攻撃型原潜とこの伊号潜水艦はほぼ同じ大きさだ。

大きさだけでなくその発想。潜水艦を相手国近くにもっていってそこから攻撃する。搭載するのは飛行機でなくともいい。それをミサイルに置き換えれば、まさにいま世界がやっている潜水艦発射ミサイルを基軸とする海洋戦略体系だ。つまり日本は先の大戦時には、もういまの海洋戦略の形を実現していたということです。

バカなアメリカはその意味を図りかねていたが、記録を読むと、そこにもっとバカなソ連が首を突っ込んできて伊号潜水艦を欲しいと言い出した。米軍はそれで伊号潜水艦の持つ先見性に気づき、ソ連にそれを渡さず、どこかで廃棄処分してしまった。

ちなみに伊号潜水艦には400型シリーズのほかに伊58号など多様な攻撃型潜水艦も使っていた。二十六隻だかを米軍が接収し、いまの五島列島の沖で自沈、もしくは攻撃爆破して沈めてしまった。伊豆下田に本社のある海洋調査会社「ウインディネットワーク」が調査して、すべての伊号潜水艦を確認、映像化しています。

石平　先ほど日本は海戦の歴史を三度変えたとうかがいましたが、それはどういうところですか？

髙山　まずは日清戦争です。海戦はギリシャの昔から、軍船の船首下に取り付けられた衝角（ラム）という装置を使って体当たり攻撃をするのが主流でした。これは大きく突き出す角の形をしていて、軍船同士の接近戦で敵の側面に突撃して櫂《かい》の列を破壊して機動性を奪ったり、船腹を突き破って撃沈する方法です。突き破った衝角を引き抜くと敵船は船腹の破孔から大浸水が起きるのです。だからその後の日露戦争までそうですが、主力戦艦の舳先は艦首から喫水線の下に向かってせり出している。アントニオ猪木の顎のようになっていたのは、衝角で戦うからこその形だった。

日清戦争では、李鴻章の北洋艦隊は「定遠」と「鎮遠」の巨大戦艦を擁し、その巨砲を生かして、遠距離から日本艦隊を混乱させ、防御も厚い二隻の巨艦を先頭に突撃して衝角戦で決着をつける作戦でした。しかし日本海軍は、ラムを装着しない軽快な艦艇で李鴻章率いる清国の北洋艦隊を迎え撃ち、敵の衝角攻撃をかわして、無数の砲弾を浴びせることで勝利しています。

この戦い方に徹したのが日露戦争背の日本海海戦で、日本艦は数キロの距離を保ちながら高性能の下瀬火薬を装塡した砲弾を敵艦に送り込み、厚い装甲に覆われたスヴォーロフ（全体の旗艦）もアレクサンドル三世も木造の船のように燃えて沈んでいった。

観戦武官ペケナムの報告を得たイギリスは多段式の主砲を前後に備えたまったく新しい戦艦ドレッドノートを進水させる。いわゆる大艦巨砲主義の時代の幕開けです。

二番目は第二次世界大戦劈頭のマレー沖海戦。イギリスの大艦巨砲主義の象徴とも言える超弩級戦艦プリンス・オブ・ウェールズが日本海軍に戦いを挑んだが、日本軍が繰り出したのは九六式陸攻と双発の一式爆撃機で、水平爆撃と雷撃で巨大戦艦を沈めてしまった。日本は大艦巨砲主義からいち早く航空戦略を採用していたのです。フィリップスというイギリスの東洋艦隊司令官も、それに驚愕しながら死んでいったと思うんです。「お前らの戦艦より大きい戦艦を作ってきたのに、今度は航空機にやられてしまうのか」と。

石平　真珠湾もその方法で戦いましたよね。

高山　そうです。雷撃と空爆。マレー沖海戦では、レパルスとプリンス・オブ・ウェールズの二隻を撃沈した。つまり、日本の選択の仕方に、イギリスはもう追いつけなかったんです。唯一、追いついたのはアメリカで、資源強国ならではの物量で圧倒し始めた。そこで日本はまた形を変えて、一万トン級の潜水艦を建造したというわけです。

石平　なるほど、それが三度目。

高山　潜水艦攻撃は裏方の卑怯者の戦争を得意とした。彼ら海の底からひっそり魚雷を放ってこそこそ逃げていく。しかし伊400型潜水艦は一万トンです。通常の潜水艦とスケールが違う。しかも飛行機まで積んで。計算上ではちゃんとアメリカ東海岸まで行ける。だからその気になればワシントンだって爆撃できた。アメリカにあのアイデアはなかった。アメリカはあれを見て驚いたでしょう。

石平　なるほど、それほどのアイデアに富んだ国なんだから、知恵を絞れば、ロシア、中国という悪の帝国に、十分に立ち向かえるはずですよね。

「自分の国は自分で守る」気概を持とう

髙山　前にワシントンポストが「日本は憲法を改正せよ」と書いた記事のことを話しました、こんな歴史を踏まえると、ワシントンポストが言いたいことの真意がわかってきます。いままさに中国という大きな敵を前に、米軍が最前線で立ち向かうのか？　という疑問の提起です。アジアのことだから、やはり日本が最前線で立ち向かうべきだという理屈です。

石平　ベトナム戦争のときにニクソンが語ったのと同じ言葉を、中国の脅威が現実になっているいま、ワシントンポストが書いたということですね。

髙山　そういうことだよ。でもそれは日本にも都合のいい部分もある。必ずしもアメリカの意図に従わなくていいことになるのだから。

もう一つ面白いことは、今度、イギリスが自衛隊のＦＸ戦闘機受注合戦に参加してきました。日本はこれまで、アメリカのいいカモにされてきて、アメリカの予備軍のように扱われてきたけれど、このＦＸでイギリスとも手を組めば、もうアメリカはイギリスと対等の入札者としての地位しかなくなる。すると、日本がハンドリングしてイニシアティブを取れる余地が生まれます。だからワシントンポストのいうように憲法改正して、軍備を増強していけば、日本が独自の戦略をとることも可能になるんです。もちろん「非核化」なんて馬鹿なこと言ってないでね。

石平　中国がおかしなことしないように、中国に対する抑止力を整備しないといけませんよね。どうすれば自分たちの安全が守れ、民族の自由が守れるか、日本人全員が真剣に考えるようになってくれることを、日本に帰化した元中国人として、切に願っています。

おわりに

高山正之先生との対談本がこのたび、ワックから刊行される運びとなった。

高山先生とは十数年以上のお付き合いで、平素よりいろいろとご指導をいただき多くのことを教わってきた。いままでは、さまざまな会合や集いでお話を聞くチャンスがあって、酒を酌み交わして時事談義や歴史談義に花を咲かせるような場面も多くあった。

この高山先生との本格的な対談が実現できたのは今年の七月初頭である。ワックの企画で二日間連続、時間をたっぷりとっていただき、対談させていただいた。

ロシアのウクライナ侵攻が戦後の国際秩序を根底から揺るがし、中国の野望による台湾有事の危険性も迫ってきている中で、かつては産経新聞の名記者として世界中を飛び回った高山正之先生と対談を持つことができたのはまさに幸運であって時宜を得たことであった。

こうして行われた私たちの対談はまず、ロシア問題、ウクライナ問題、中国問題、台湾問題などの時事問題から始まった。それらの時事問題に関して互いに情報と意見を交換したり、時には異なる見解をぶつけ合ったりして白熱の議論が交わされた。

私たちの議論はこうして当面の時事問題から始まったものではあるが、時事問題で終わったわけではない。いまの出来事に関連する国々の歴史や地理的環境、そこから生まれる各国の国民性や民族的特性などに焦点を当てている。いわば時事問題の背後にあるものをできるだけ深く掘り下げていくのは、この対談が最初から目標とするものであって、私たちの共同作業の目指すところであった。

この共同作業の結果はいま、皆様の手元にある本書の内容となっているが、「時事問題の背後」への私たちの掘り下げがどれほどの成果を上げているのかについての評価は、これをお読みになった読者の皆様のご判断に委ねたい。

対談者の一人として感想を一つ申し上げると、対談において私自身は最初から最後まで、各国の歴史や文化に関する高山先生の博覧強記ぶりと見解の深さに驚かされ圧倒されて、終始一貫、脱帽する思いであったこと。この対談は、私自身にとってもやはり、多くのことを学ぶ勉強の好機であった。

実はこの対談において私は、ロシアの歴史に関する高山先生の深い洞察に触発されて、中国の歴史に対する自分なりの新発見ができた。

以前から私は、中国の北宋・南宋王朝と明・清王朝との大いなる違いの一つに気がつき、非常に困惑していた。その違いとはすなわち、北宋・南宋時代の中国の政治は同じ皇帝独裁政治であったものの、どこかで一種の上品さと温和さがあって非常に穏やかなものであったが、時代が降って明・清になってからは、皇帝政治は北宋・南宋時代のそれと比べると数倍残酷に、野蛮になっていったわけである。

特に南宋王朝と明王朝とを比べてみればわかるように、同じ漢民族によって創建された二つの王朝の間には八十九年間の間隔しかないが、政治のスタイルは同じ民族のものとは思えないほど大きく違っていた。そして、この違いが一体どこから生じてきたのかはずっと、私が中国史を読む時にいつも感じる疑問の一つであった。

高山先生とのこの対談において、ロシアの政治の特質と国民性を理解するカギの一つが「タタールの軛」であるという高山先生のお話を聞きながらふと思ったのは、実は中国の政治や国民性も、この「タタールの軛」によって大きく形作られたのではないか、ということである。

というのも、南宋がモンゴル帝国によって滅ぼされてからの元朝時代の八十九年間、中国人と中国大陸はまさに「タタール」によって蹂躙され支配されていたからである。

そうなると、中国はモンゴル帝国によって支配されたその八十九年間の歴史を一度掘り下げて研究すれば、同じ中国王朝でありながら、どうして北宋・南宋王朝と明・清王朝の政治はそれほど違っているのか、という大いなる疑問が解かれるのと同時に、現代中国の政治的特質と国民性の一端もこれで解明されるのではないか、と思っているのである。

この重要なポイントに気付かせてくれたのはまさに髙山正之先生であるが、一つの知的共同作業から次なる知的課題が生まれてくるのは、まさに対談というものの醍醐味である。中国人にとっての「タタールの軛」とは何か。これを自分の力で探求していくのはまたこれからの楽しみだ。いずれ、このような知的探究の成果を、単行本か対談本の形で読者の皆様にご報告できるよう頑張っていきたい。

最後には、長い対談に快く応じて下さった髙山正之先生に心からの御礼を申し上げたい。そして、本書を手に取っていただいた読者の皆様にはただひたすら、頭を下げて心からの感謝を申し上げたいところである。

令和四年九月吉日

奈良市西大寺界隈独楽庵にて

石　平

髙山正之（たかやま　まさゆき）
1942年、東京生まれ。東京都立大学卒業後、産経新聞社に入社。社会部デスクを経て、テヘラン、ロサンゼルス各支局長。80年代のイラン革命やイラン・イラク戦争を現地で取材。98年より３年間、産経新聞の時事コラム「異見自在」を担当。辛口のコラムで定評がある。2001年～07年、帝京大学教授。著書に『日本人よ 強かになれ――世界は邪悪な連中や国ばかり』（ワック）など。

石　平（せき　へい）
1962年、中国四川省成都生まれ。北京大学哲学部卒業。四川大学哲学部講師を経て、88年に来日。95年、神戸大学大学院文化学研究科博士課程修了。民間研究機関に勤務の後、評論家活動へ。2007年、日本に帰化。『なぜ中国から離れると日本はうまくいくのか』で、第23回山本七平賞受賞。『朱子学に毒された中国　毒されなかった日本』（井沢元彦氏との共著、ワック）等、著書多数。

核大国《かくたいこく》は氏素性《うじすじょう》の悪《わる》さを競《きそ》う

2022年10月４日　初版発行

著　者　髙山 正之・石　平

発行者　鈴木 隆一

発行所　ワック株式会社
東京都千代田区五番町４-５　五番町コスモビル　〒102-0076
電話　03-5226-7622
http://web-wac.co.jp/

印刷製本　大日本印刷株式会社

ISBN978-4-89831-873-7

好評既刊

安倍さんと語った世界と日本
「アベノミクス」から「新戦争論」「2023年の経済」まで

髙橋洋一

B-371

安倍政権で内閣官房参与を務めた著者が、「アベノミクス」を総括し、ウクライナ戦争以降の防衛・経済危機を日本が乗り切る処方箋を公開！

ワックBUNKO　定価九九〇円（10%税込）

「正義の戦争」は嘘だらけ！
ネオコン対プーチン

渡辺惣樹・福井義高

B-372

プーチンの侵攻は「正当性」はなくとも「理由」はあったのか？　欧米メディアなどの垂れ流す「戦争プロパガンダ」の偽善を見抜くべし。

ワックBUNKO　定価九九〇円（10%税込）

朱子学に毒された中国　毒されなかった日本

石平・井沢元彦

B-363

ゴーマン中国の源流は朱子学にあり。その流れを受け継いだ中国共産党政権。日本には天皇家があったから朱子学の毒を帳消しにできたのだ。

ワックBUNKO　定価九九〇円（10%税込）

http://web-wac.co.jp/